L. ANNAEUS SENECA

De tranquillitate animi
Über die Ausgeglichenheit der Seele

LATEINISCH / DEUTSCH

ÜBERSETZT UND HERAUSGEGEBEN
VON HEINZ GUNERMANN

PHILIPP RECLAM JUN. STUTTGART

UXORI MATRI FILIAE

Universal-Bibliothek Nr. 1846 [2]
Alle Rechte vorbehalten. © 1984 Philipp Reclam jun., Stuttgart
Gesamtherstellung: Reclam, Ditzingen. Printed in Germany 1984
ISBN 3-15-001846-3

De tranquillitate animi
Über die Ausgeglichenheit der Seele

1 (1) Inquirenti mihi in me quaedam vitia apparebant, Seneca, in aperto posita, quae manu prehenderem, quaedam obscuriora et in recessu, quaedam non continua, sed ex intervallis redeuntia, quae vel molestissima dixerim, ut hostes vagos et ex occasionibus assilientes, per quos neutrum licet, nec tamquam in bello paratum esse nec tamquam in pace securum. (2) Illum tamen habitum in me maxime deprehendo (quare enim non verum ut medico fatear?), nec bona fide liberatum me iis quae timebam et oderam, nec rursus obnoxium. In statu ut non pessimo, ita maxime querulo et moroso positus sum: nec aegroto nec valeo. (3) Non est quod dicas omnium virtutum tenera esse principia, tempore illis duramentum et robur accedere. Non ignoro etiam quae in speciem laborant, dignitatem dico et eloquentiae famam et quicquid ad alienum suffragium venit, mora convalescere: et quae veras vires parant et quae ad placendum fuco quodam subornantur exspectant annos donec paulatim colorem diuturnitas ducat. Sed ego vereor ne consuetudo, quae rebus affert constantiam, hoc vitium mihi altius figat: tam malorum quam bonorum longa conversatio amorem induit.

(4) Haec animi inter utrumque dubii, nec ad recta fortiter nec ad prava vergentis, infirmitas qualis sit, non tam semel tibi possum quam per partes ostendere. Dicam quae accidant

1 (1) Während ich in mich ging,[1] wurden mir einige Charakterfehler offenbar, Seneca, offen daliegend, die ich mit Händen greifen konnte, einige mehr in dunklem Winkel verborgen, einige nicht immer gegenwärtig, aber von Zeit zu Zeit wiederkehrend, die ich als die entschieden lästigsten bezeichnen möchte, vergleichbar sich entziehenden, nur von Fall zu Fall angreifenden Feinden, durch die beides unmöglich ist: wie im Kriege bereit[2] oder wie im Frieden sorglos zu sein.[3] (2) Vielmehr ertappe ich mich vor allem bei jenem Zustand[4] – warum denn sollte ich dir nicht wie meinem Arzt die Wahrheit bekennen? –: ich bin weder guten Gewissens befreit von den Neigungen, die ich fürchtete und verabscheute, noch andererseits ihnen verfallen; zwar befinde ich mich nicht im schlimmsten, aber doch einem sehr beklagenswerten und mißlichen Zustand. Ich gelte weder als krank noch als gesund.[5] (3) Du brauchst erst gar nicht einzuwenden, jeglicher Vollkommenheit Anfänge seien anfällig, mit der Zeit erst kämen Widerstandskraft und Festigkeit hinzu. Ich weiß wohl: auch die Mühen, die zu unserem Glanz beitragen, zu unserer gesellschaftlichen Geltung,[6] meine ich, und zum Ruf eines guten Redners, jeglicher Leistung, die sich dem Urteil der Mitmenschen stellt, – sie gewinnen erst durch Dauer Geltung: was wirkliche Kraft entwickelt, wie das, was gleichsam mit Flitter herausgeputzt wird, um zu gefallen, läßt Jahre darauf warten, bis ihm die Dauer allmählich Farbe verleiht. Aber ich fürchte, daß die Gewohnheit, die den Dingen Festigkeit gibt, diesen Fehler in mir tiefer verfestigt. Zu Schlechtem wie Gutem flößt langdauernde Vertrautheit Vorliebe ein.
(4) Diese Kraftlosigkeit einer zwischen beidem schwankenden, weder zum Rechten noch zum Verwerflichen entschlossen drängenden Seele – wie sie sich äußere, dies kann ich dir nicht in einem Anlauf, nur Stück um Stück aufzeigen.

mihi; tu morbo nomen invenies. (5) Tenet me summus amor parsimoniae, fateor: placet non in ambitionem cubile compositum, non ex arcula prolata vestis, non ponderibus ac mille tormentis splendere cogentibus expressa, sed domestica et vilis, nec servata nec sumenda sollicite; (6) placet cibus quem nec parent familiae nec spectent, non ante multos imperatus dies nec multorum manibus ministratus, sed parabilis facilisque, nihil habens arcessiti pretiosive, ubilibet non defuturus, nec patrimonio nec corpori gravis, non rediturus qua intraverit; (7) placet minister incultus et rudis vernula, argentum grave rustici patris sine ullo nomine artificis, et mensa non varietate macularum conspicua nec per multas dominorum elegantium successiones civitati nota, sed in usum posita, quae nullius convivae oculos nec voluptate moretur nec accendat inuidia. (8) Cum bene ista placuerunt, praestringit animum apparatus alicuius paedagogii, diligentius quam in tralatu vestita et auro culta mancipia et agmen servorum nitentium, iam domus etiam qua calcatur pretiosa et, divitiis per omnes angulos dissipatis, tecta ipsa fulgentia, et assectator comesque patrimoniorum pereuntium populus. Quid perlucentes ad imum aquas et circumfluentes ipsa convivia, quid epulas loquar scaena sua dignas? (9) Circumfudit me ex longo frugalitatis situ venientem multo splendore luxuria et undique circumsonuit: paulum

Ich will dir sagen, was mir begegnet; du wirst für die Krankheit den Namen finden. (5) Es beherrscht mich eine sehr große Liebe zur Sparsamkeit, ich gesteh's. Es gefällt mir nicht ein zur Schaustellung gerichtetes Gemach, nicht ein aus der Schmucktruhe hervorgeholtes Gewand, nicht platt-gedrückt mit tausenderlei Gewichten und Plätteisen,[7] die ihm Glanz abnötigen, sondern eines fürs Haus und ohne Wert, weder aufbewahrt noch anzulegen mit ängstlicher Sorgfalt. (6) Es gefällt mir Nahrung, die Diener weder bereiten noch bestaunen, nicht vor vielen Tagen in Auftrag gegeben noch aufgetragen von vieler Leute Händen, sondern leicht bereit- und beschaffbar, ohne etwas Gesuchtes oder Wertvolles, überall zur Hand – weder dem Vermögen noch dem Magen eine Last –, die nicht da wieder herauskommt, wo sie hineingegangen ist. (7) Es gefällt mir ein Mundschenk ohne Aufputz, ein ungeschickter Hausdiener, grobes Silber-geschirr aus bäurischem Erbe ohne Gravur des Künstlers, ein Tisch, nicht durch die Maserung seines Marmors auffal-lend und nicht bekannt in der Bürgerschaft durch eine lange Reihe kunstkundiger Vorbesitzer, sondern geeignet für den Gebrauch, nicht dazu, irgendeines Gastes Blick in Ergötzen verweilen zu lassen, und nicht dazu, ihn mit brennendem Neid zu erfüllen. (8) Wenn mir dies recht gefallen hat, dann fesselt meine Aufmerksamkeit die prunkende Ausstattung einer Pagenschar, sorgsamer als bei einem Aufzug bekleidete und mit Gold geschmückte Sklaven und ein Zug glänzender Diener, ferner ein Haus – auch da, wo Schritte drüber hallen, voll Kostbarkeit – und, während Reichtum bis in jeden Winkel sich verbreitet, sogar vergoldetes Dachge-bälk,[8] und eine Höflingsschar, die verfallendes Vermögen umdrängt und umlagert. Was soll ich sagen von bis zum Grunde durchsichtigen, sogar die Gäste umfließenden Quel-len, was von Gelagen, die ihrer Szenerie angemessen sind. (9) Es umgaukelte mich, der ich von der Beengtheit lan-ger Selbstbescheidung herkomme, Pracht mit reichlichem Glanz, und von allen Seiten umlärmte sie mich: ein wenig

titubat acies, facilius adversus illam animum quam oculos
attollo; recedo itaque non peior, sed tristior, nec inter illa
frivola mea tam altus incedo, tacitusque morsus subit et
dubitatio numquid illa meliora sint. Nihil horum me mutat,
nihil tamen non concutit.

(10) Placet vim praeceptorum sequi et in mediam ire rem
publicam; placet honores fascesque non scilicet purpura aut
virgis abductum capessere, sed ut amicis propinquisque et
omnibus civibus, omnibus deinde mortalibus paratior uti-
liorque sint: promptus, imperitus, sequor Zenona, Clean-
then, Chrysippum, quorum tamen nemo ad rem publicam
accessit, et nemo non misit.

(11) Ubi aliquid animum insolitum arietari percussit, ubi
aliquid occurrit aut indignum, ut in omni vita humana multa
sunt, aut parum ex facili fluens, aut multum temporis res
non magno aestimandae poposcerunt, ad otium convertor,
et, quemadmodum pecoribus, fatigatis quoque, velocior
domum gradus est.

(12) Placet intra parietes rursus vitam coercere: nemo ullum
auferat diem, nihil dignum tanto impendio redditurus; sibi
ipse animus haereat, se colat, nihil alieni agat, nihil quod ad
iudicem spectet; ametur expers publicae privataeque curae
tranquillitas.

(13) Sed, ubi lectio fortior erexit animum et aculeos subdide-
runt exempla nobilia, prosilire libet in forum, commodare
alteri vocem, alteri operam, etiam si nihil profuturam, tamen

unsicher wird mein Blick, leichter erhebe ich darüber den Geist als das befangene Auge. Und so suche ich Abstand – nicht verdorbener, aber bedrückter – und gegenüber jenen wertlosen Gegenständen trage ich den Kopf nicht so hoch, im stillen beschleicht mich nagender Zweifel, ob nicht doch jener Reichtum besser sei. Nichts von alledem ändert mich, nichts aber läßt mich unbeeindruckt.[9]

(10) Es gefällt mir, dem Gebot unserer Grundsätze zu folgen und mich in den Trubel der Politik zu wagen; es gefällt mir, nach Ämtern und nach Rutenbündeln[10] zu greifen, gewiß nicht verführt vom Purpur und den Stöcken des Liktors, sondern um Freunden, Nahestehenden und allen Bürgern, überhaupt allen Mitmenschen mehr zu Diensten und nützlich zu sein.[11] Freudig, doch unerfahren folge ich Zenon, Kleanthes und Chrysippos,[12] von denen sich freilich keiner der Politik zuwandte, aber jeder dazu aufrief.

(11) Sobald etwas meinen an Widerwärtigkeiten nicht gewohnten Geist getroffen hat, sobald entweder etwas Unverschuldetes, wie das im Menschenleben vielfach der Fall ist, oder nicht so ganz Wunschgemäßes eingetreten ist oder Nichtigkeiten viel Zeit in Anspruch genommen haben, wende ich mich einem abgeschiedenen Leben[13] zu, und wie bei Tieren, auch ermüdeten, beschleunigt sich mein Schritt nach Hause.

(12) Es gefällt mir, wieder mein Leben auf die eigenen vier Wände zu beschränken. Niemand bringe mich um einen Tag, ohne angemessenes Entgelt für so großen Verlust erbringen zu wollen! Mit sich selbst sei mein Geist befaßt, mit seiner Vervollkommnung, er treibe nichts ihm Fremdes, nichts, was sich dem Urteil anderer aussetzt, seine Liebe gehöre einer von Sorge um Eigenes und die Gemeinschaft freien Ausgeglichenheit.

(13) Aber sobald erhebendere Lektüre[14] den Geist mitriß und erhabene Vorbilder[15] Ansporn gaben, habe ich Lust, aufs Forum hinauszueilen, Fürsprache für den einen, für den anderen tätige Mithilfe einzusetzen, die, nützte sie auch

conaturam prodesse, alicuius coercere in foro superbiam
male secundis rebus elati. (14) In studiis puto mehercules
melius esse res ipsas intueri et harum causa loqui, ceterum
verba rebus permittere, ut qua duxerint, hac inelaborata
sequatur oratio. Quid opus est saeculis duratura componere? Vis tu non id agere, ne te posteri taceant! Morti natus
es: minus molestiarum habet funus tacitum. Itaque occu-
pandi temporis causa in usum tuum, non in praeconium,
aliquid simplici stilo scribe: minore labore opus est studenti-
bus in diem. (15) Rursus, ubi se animus cogitationum
magnitudine levavit, ambitiosus in verba est altiusque ut
spirare, ita eloqui gestit, et ad dignitatem rerum exit oratio.
Oblitus tum legis pressiorisque iudicii, sublimius feror et ore
iam non meo.
(16) Ne singula diutius persequar, in omnibus rebus haec me
sequitur bonae mentis infirmitas, cui ne paulatim defluam
vereor, aut, quod est sollicitius, ne semper casuro similis
pendeam et plus fortasse sit quam quod ipse pervideo.
Familiariter enim domestica aspicimus, et semper iudicio
favor officit. (17) Puto multos potuisse ad sapientiam pervenire, nisi putassent se pervenisse, nisi quaedam in se dissi-
mulassent, quaedam opertis oculis transiluissent. Non est
enim quod magis aliena iudices adulatione nos perire quam
nostra. Quis sibi verum dicere ausus est? quis non, inter
laudantium blandientiumque positus greges, plurimum
tamen sibi ipse assentatus est?

nichts, doch versuchte zu nützen, irgendeines Stolz auf dem Forum zurechtzuweisen, den zum Unglück sein Glück emportrug. (14) Bei geistiger Tätigkeit ist es – beim Herkules – besser, wie ich meine, die Gegenstände selbst im Auge zu behalten und mit Rücksicht auf sie zu sprechen, im übrigen die Worte den Themen unterzuordnen, so daß die Darstellung ihr Ziel ohne Anspruch auf Kunst verfolgt. Wozu ist's nötig, Jahrhunderte überdauernde Werke zu schaffen? Willst du nicht dies betreiben, daß die Nachwelt nicht über dich schweige! Um zu sterben, bist du geboren! Geringere Mühsal hat eine Beisetzung in Schweigen.[16] Deshalb zum Zeitvertreib – nur zu deinem Nutzen, nicht zum Ruhm – schreib etwas in schlichtem Stil![17] Geringeren Aufwand hat nötig, wer nur für heute tätig ist. (15) Andererseits: wenn der Geist sich durch die Größe der Gedanken erhoben hat, dann sucht er hehre Worte und trachtet höher wie in Gedanken so in Worten sich zu erheben: zur Würde der Gegenstände wagt sich die Rede empor. Ohne einen Gedanken an den Grundsatz, zugunsten des Bescheideneren zu urteilen, lasse ich mich emportragen und rede nicht mehr in meiner eigenen Sprache.

(16) Damit ich nicht länger Einzelheiten aufzähle: überall begleitet mich bei guter Absicht diese Unstetigkeit, der ich allmählich zu erliegen fürchte: ich könnte, wie einer, der jeden Augenblick abstürzt, über dem Abgrund hängen; schlimmer könnte es sein, als ich selbst erkenne. Verständnisvoll schauen wir ja auf unsere eigenen Schwächen, und immer schadet die Eigenliebe der Urteilsfähigkeit. (17) Viele, meine ich, hätten zur Weisheit gelangen können, hätten sie nicht gemeint, sie seien schon am Ziel, hätten sie nicht über manche Fehler in sich hinweggetäuscht, über manches sich hinweggesetzt mit verbundenen Augen. Es gibt doch keinen Grund, zu urteilen, wir gerieten mehr durch Schmeichelei anderer als durch unsere eigene ins Verderben. Wer hat sich die Wahrheit einzugestehen gewagt? Wer hat nicht unter Schwärmen lobhudelnder Liebediener sich doch selbst am meisten zugestimmt?

(18) Rogo itaque, si quod habes remedium quo hanc fluctua-
tionem meam sistas, dignum me putes qui tibi tranquillitatem debeam. Non esse periculosos hos motus animi nec
quicquam tumultuosi afferentes scio; ut vera tibi similitu-
dine id de quo queror exprimam, non tempestate vexor, sed
nausea: detrahe ergo quicquid hoc est mali, et succurre in
conspectu terrarum laboranti.

2 (1) Quaero mehercules iamdudum, Serene, ipse tacitus, cui
talem affectum animi similem putem, nec ulli propius admo-
verim exemplo quam eorum qui, ex longa et gravi valetudine
expliciti, motiunculis levibusque interim offensis perstrin-
guntur et, cum reliquias effugerunt, suspicionibus tamen
inquietantur medicisque iam sani manum porrigunt et
omnem calorem corporis sui calumniantur. Horum, Serene,
non parum sanum est corpus, sed sanitati parum assuevit,
sicut est quidam tremor etiam tranquilli maris motusque,
cum ex tempestate requievit. (2) Opus est itaque non illis
durioribus, quae iam transcucurrimus, ut alicubi obstes tibi,
alicubi irascaris, alicubi instes gravis, sed illo quod ultimum
venit, ut fidem tibi habeas et recta ire te via credas, nihil
avocatus transversis multorum vestigiis passim discurren-
tium, quorundam circa ipsam errantium viam. (3) Quod
desideras autem magnum et summum est deoque vicinum:
non concuti. Hanc stabilem animi sedem Graeci euthymian
vocant, de qua Democriti volumen egregium est, ego tran-

(18) Daher bitte ich dich: Wenn du ein Mittel weißt, meinem Schwanken abzuhelfen, dann glaube, ich verdiente es, dir die Ausgeglichenheit der Seele zu verdanken. Natürlich ist diese Ruhelosigkeit der Seele ohne Gefahr und verursacht keinerlei stürmischen Aufruhr. Um dir durch einen zutreffenden Vergleich die Ursache meiner Klage deutlich zu machen: nicht Sturmesbrausen, sondern die Seekrankheit schüttelt mich. Befreie mich also von diesem Übel, wie es auch darum stehen mag, und eile dem im Anblick des Landes Bedrängten zu Hilfe!

2 (1) Beim Hercules, Serenus, schon lange beschäftigt meine Gedanken die Frage, womit ich eine derartige Verfassung der Seele wohl vergleichen darf, und ich möchte sie keinem anderen Beispiel näher rücken als dem von Menschen, die nach ihrer Genesung von langer und schwerer Krankheit Fieberschauer und leichte Unpäßlichkeit befällt, die selbst dann, wenn sie die Nachwirkungen überwunden haben, in Angst und Unruhe bleiben, die, wiewohl schon gesundet, sich von Ärzten den Puls fühlen lassen und über jede Erhitzung des Körpers Klage erheben. Bei ihnen, Serenus, ist nicht die Genesung zu wenig fortgeschritten, sondern die Gewöhnung an die Genesung, ähnlich wie auch über sich beruhigender See Wellenrauschen, einem Beben gleich, verebbt, wenn auf Sturm Meeresruhe folgt. (2) Deshalb sind jene härteren Mittel gar nicht mehr nötig, über die wir schon hinaus sind: dir einmal selber entgegenzutreten, einmal zu zürnen, einmal dir selber zur Last zu werden, sondern jenes, das sich zuletzt einstellt: Vertrauen zu dir zu haben, zu glauben, du gingest auf dem rechten Weg, ohne dich ablenken zu lassen von sich überkreuzenden Spuren der vielen, die überallhin ziellos eilen, gar mancher, die neben dem rechten Weg in die Irre[18] gehen. (3) Das aber, worauf du deine Sehnsucht richtest, ist etwas Großes, Vollkommenes und der Gottheit Nahes,[19] sich nicht erschüttern[20] zu lassen. Diese ruhige Gesetztheit nennen die Griechen εὐθυμία (Euthymia) – über sie gibt es ein ausgezeichnetes Buch des

quillitatem voco: nec enim imitari et transferre verba ad illorum formam necesse est; res ipsa de qua agitur aliquo signanda nomine est, quod appellationis Graecae vim debet habere, non faciem. (4) Ergo quaerimus quomodo animus semper aequali secundoque cursu eat propitiusque sibi sit et sua laetus aspiciat et hoc gaudium non interrumpat, sed placido statu maneat, nec attollens se umquam nec deprimens. Id tranquillitas erit. Quomodo ad hanc perveniri possit in universum quaeramus; sumes tu ex publico remedio quantum voles. (5) Totum interim vitium in medium protrahendum est, ex quo agnoscet quisque partem suam. Simul tu intelleges quanto minus negotii habeas cum fastidio tui quam ii quos, ad professionem speciosam alligatos et sub ingenti titulo laborantes, in sua simulatione pudor magis quam voluntas tenet.

(6) Omnes in eadem causa sunt, et hi qui levitate vexantur ac taedio assiduaque mutatione propositi, quibus semper magis placet quod reliquerunt, et illi qui marcent et oscitantur. Adice eos qui non aliter quam quibus difficilis somnus est versant se et hoc atque illo modo componunt, donec quietem lassitudine inveniant: statum vitae suae reformando subinde in eo novissime manent, in quo illos non mutandi odium, sed senectus ad novandum pigra deprehendit. Adice et illos, qui non constantiae vitio parum leves sunt, sed inertiae, et vivunt non quomodo volunt, sed quomodo

Demokrit –, ich nenne sie Ausgeglichenheit der Seele. Es ist ja nicht nötig, die Wortbildungen nachzuahmen und so zu übertragen.[21] Nur der Gegenstand, der behandelt wird, soll bezeichnet werden mit irgendeiner Benennung, die die Aussagekraft des griechischen Ausdruckes, nicht seine äußere Gestalt wahren muß. (4) Unsere Frage richtet sich also darauf, wie der Geist immer in gleichmäßiger und glücklicher Bewegung[22] verbleibe, mit sich in segensreicher Übereinstimmung stehe, sein eigenes Tun freudig betrachte und diese Freude nicht unterbreche, vielmehr in einem Zustand der Ruhe verharre, ohne je überheblich oder niedergeschlagen zu sein. Dieser Zustand wird die Ausgeglichenheit der Seele sein. Wie man dazu gelangen kann, danach wollen wir allgemein fragen. Du wirst aus diesem Heilvorschlag den dir geeigneten Teil herausnehmen. (5) Vorerst muß das Übel als Ganzes vor Augen gerückt werden; daraus wird jeder seinen besonderen Teil erkennen.[23] Zugleich wirst du einsehen, wie viel weniger dir deine Unzufriedenheit mit dir selbst zu schaffen macht als denjenigen, die in den Fesseln einer glanzvollen Stellung und unter der Bürde einer hohen Titulatur mehr ihr Ehrgefühl als ihr Wollen zu Unaufrichtigkeit führt.

(6) Alle sind in derselben Lage: diejenigen, die ihre Oberflächlichkeit nicht zur Ruhe kommen läßt, ihr Überdruß und die Sucht, einen Beschluß zu ändern, denen immer mehr gefällt, was sie hinter sich haben, und diejenigen, die trübsinnig dahindämmern. Denke noch an die, welche nicht anders als Leute, die schwer Schlaf finden, sich in ihrer Ruhelosigkeit bald auf diese, bald auf jene Seite betten, bis sie aus Erschöpfung Ruhe finden. Indem sie ihre Lebensumstände fortwährend umgestalten, bleiben sie zuallerletzt bei denen, in welchen sie nicht Abneigung gegen Änderungen, sondern ihr für einen Neubeginn zu müdes Alter festhält. Denke noch an jene, die nicht durch Mangel an Standhaftigkeit, sondern durch den ihrer Schwerfälligkeit zu wenig wendig sind: sie leben nicht, wie sie wollen, sondern wie sie

coeperunt. (7) Innumerabiles deinceps proprietates sunt, sed
unus effectus vitii, sibi displicere. Hoc oritur ab intemperie
animi et cupiditatibus timidis aut parum prosperis, ubi aut
non audent quantum concupiscunt aut non consequuntur, et
in spem toti prominent. Semper instabiles mobilesque sunt,
quod necesse est accidere pendentibus. Ad vota sua omni via
tendunt et inhonesta se ac difficilia docent coguntque, et, ubi
sine praemio labor est, torquet illos irritum dedecus, nec
dolent prava, sed frustra voluisse. (8) Tunc illos et paeni-
tentia coepti tenet et incipiendi timor, subrepitque illa animi
iactatio non invenientis exitum, quia nec imperare cupiditatibus suis nec obsequi possunt, et cunctatio vitae parum se
explicantis et inter destituta vota torpentis animi situs.
(9) Quae omnia graviora sunt ubi odio infelicitatis operosae
ad otium perfugerunt ac secreta studia, quae pati non potest animus ad civilia erectus agendique cupidus et natura inquies, parum scilicet in se solaciorum habens. Ideo,
detractis oblectationibus quas ipsae occupationes discurren-
tibus praebent, domum, solitudinem, parietes non fert; invi-
tus aspicit se sibi relictum. (10) Hinc illud est taedium et
displicentia sui et nusquam residentis animi volutatio et otii
sui tristis atque aegra patientia, utique ubi causas fateri pudet

begannen. (7) Endlich gibt es noch zahlreiche Erscheinungsformen des Charakterfehlers, aber nur eine Folge:[24] keinen Gefallen an sich selber zu finden. Dies ergibt sich aus der Unausgeglichenheit der Seele, ihrem unentschlossenen oder zu wenig erfolgreichen Begehren, wenn entweder ihr Wagemut oder ihr Durchsetzungsvermögen nicht ihrem Begehren entspricht: dann bauen sie ganz auf Hoffnung. Stets sind sie ruhelos und unbeständig, wie dies bei ihrer schwebenden Ungewißheit sich ergeben muß. Ihren egoistischen Zielen jagen sie auf ihrem ganzen Lebensweg nach, zu ehrlosen und schwierigen Unternehmungen erziehen und zwingen sie sich, und wenn ihrem Mühen der Erfolg versagt bleibt, dann quält sie das Scheitern ihres schändlichen Handelns und nicht die Verwerflichkeit, sondern die Vergeblichkeit ihrer Wünsche schmerzt sie. (8) Dann beherrscht sie Reue über das Begonnene, vor einem Neubeginn Furcht, es beschleicht sie jene Ruhelosigkeit einer Seele, die keinen Ausweg mehr findet, weil sie ihren Leidenschaften weder gebieten noch gehorchen kann – Ziellosigkeit eines Lebens, das sich zu wenig entfalten kann, und der Verfall einer inmitten ihrer Enttäuschungen betäubten Seele. (9) Dieser ganze Zustand ist bedrückender, sobald sie aus Verbitterung über die Erfolglosigkeit ihrer Mühe in einem mußevollen Leben und bei Studien in stiller Zurückgezogenheit Zuflucht gesucht haben, die ein auf politische Bewährung gerichteter, unternehmungsfreudiger und von Natur aus ruheloser Geist nicht zu verwinden vermag, doch nur, weil er zuwenig Trost in sich selber findet.[25] Deshalb erträgt er es nicht, wenn ihm die Freuden genommen werden, die gerade ein tätiges Leben rastlosen Menschen vermittelt: das Alleinsein in den Räumen des eigenen Hauses. Widerwillig sieht er, daß er sich selbst überlassen bleibt.[26] (10) Von daher rührt jener Lebensüberdruß, die Unzufriedenheit mit sich selbst, das Schwanken einer Seele,[27] die nirgends Ruhe findet, die Niedergeschlagenheit und krankhafte Unfähigkeit zu einem zurückgezogenen Dasein, zumal wenn man sich scheut, die

et tormenta introrsus egit verecundia, in angusto inclusae cupiditates sine exitu se ipsae strangulant; inde maeror marcorque et mille fluctus mentis incertae, quam spes inchoatae suspensam habent, deploratae tristem; inde ille affectus otium suum detestantium querentiumque nihil ipsos habere quod agant, et alienis incrementis inimicissima invidia (alit enim livorem infelix inertia et omnes destrui cupiunt, quia se non potuere provehere); (11) ex hac deinde aversatione alienorum processuum et suorum desperatione obirascens fortunae animus et de saeculo querens et in angulos se retrahens et poenae incubans suae, dum illum taedet sui pigetque. Natura enim humanus animus agilis est et pronus ad motus. Grata omnis illi excitandi se abstrahendique materia est, gratior pessimis quibusque ingeniis, quae occupationibus libenter deteruntur: ut ulcera quaedam nocituras manus appetunt et tactu gaudent et foedam corporum scabiem delectat quicquid exasperat, non aliter dixerim his mentibus, in quas cupiditates velut mala ulcera eruperunt, voluptati esse laborem vexationemque. (12) Sunt enim quaedam quae corpus quoque nostrum cum quodam dolore delectent, ut versare se et mutare nondum fessum latus et alio atque alio positu ventilari: qualis ille Homericus Achilles est, modo pronus, modo supinus, in varios habitus se ipse componens, quod proprium aegri est, nihil diu pati et

Gründe einzugestehen; und wenn Menschenscheu quälende Sorgen in unser Inneres verdrängt, dann ersticken sich die Leidenschaften, wie in einem engen Kerker ohne Ausweg eingeschlossen, gegenseitig selber.[28] Daher kommen Trübsinn und Trübsal,[29] endloses Schwanken einer unentschlossenen Geisteshaltung, die aufkommende Hoffnungen hilflos, gescheiterte mutlos machen; daher jene Neigung, Zurückgezogenheit für sich zu verwerfen und sich in Klagen zu ergehen, man habe kein Betätigungsfeld; gegen den Erfolg der Mitmenschen maßlos feindselige Mißgunst – es steigern ja Erfolglosigkeit und Unfähigkeit den Neid, und sie trachten, alle zu vernichten, weil sie selber nicht voranzukommen vermochten. (11) Infolge dieser Abneigung gegen die Erfolge anderer und des mangelnden Vertrauens in die eigenen hadert der Geist dann mit dem Schicksal, klagt über den Zeitgeist, zieht sich in einen Schmollwinkel zurück und brütet nach über seinen Mißerfolg, voller Unzufriedenheit und Bitternis über sich selbst. Es ist ja der Geist des Menschen tatenfreudig und geneigt zur Betriebsamkeit. Willkommen ist ihm jeglicher Anlaß, sich zu regen und aus sich herauszutreten, willkommener gerade den schlechtesten Charakteren, die sich freudig in ihrer Betriebsamkeit aufreiben. Wie manche Geschwüre verletzende Hände verlangen, ihre Berührung als angenehm empfinden und alles, was Verschlimmerung bringt, der entstellenden Krätze willkommen ist – nicht anders, so möchte ich behaupten, bereitet es den Gemütern, in die sich Leidenschaften wie eitrige Geschwüre ergossen haben, Ergötzen, sich abzumühen und abzuquälen. (12) Es gibt ja manche Zustände, die auch unserem Körper trotz eines gewissen Schmerzes angenehm sind, wie sich zu drehen und zu wenden auf die noch nicht müde Seite und sich in diese und jene Lage zu werfen. So verhält sich der bekannte Achill des Homer,[30] wenn er bald auf der Brust, bald auf dem Rücken liegt und sich in wechselnde Stellungen bringt. Dies verrät einen kranken Menschen: keinen Zustand lange ertragen zu können, son-

mutationibus ut remediis uti. (13) Inde peregrinationes suscipiuntur vagae et litora pererrantur et modo mari se, modo terra experitur semper praesentibus infesta levitas: »Nunc Campaniam petamus.« Iam delicata fastidio sunt: »Inculta videantur, Bruttios et Lucaniae saltus persequamur.« Aliquid tamen inter deserta amoeni requiritur, in quo luxuriosi oculi longo locorum horrentium squalore releventur: »Tarentum petatur laudatusque portus et hiberna caeli mitioris et regio vel antiquae satis opulenta turbae ... Iam flectamus cursum ad Urbem: nimis diu a plausu et fragore aures vacaverunt, iuvat iam et humano sanguine frui.« (14) Aliud ex alio iter suscipitur et spectacula spectaculis mutantur. Ut ait Lucretius:

> Hoc se quisque modo semper fugit.

Sed quid prodest, si non effugit? Sequitur se ipse et urget gravissimus comes. (15) Itaque scire debemus non locorum vitium esse quo laboramus, sed nostrum: infirmi sumus ad omne tolerandum, nec laboris patientes nec voluptatis nec nostri nec ullius rei diutius. Hoc quosdam egit ad mortem: quod proposita saepe mutando in eadem revolvebantur et non reliquerant novitati locum, fastidio esse illis coepit vita et ipse mundus, et subiit illud tabidarum deliciarum: »Quousque eadem?«

3 (1) Adversus hoc taedium quo auxilio putem utendum quaeris. Optimum erat, ut ait Athenodorus, actione rerum

dern Änderungen wie Heilmittel anzuwenden. (13) Infolgedessen unternimmt man Reisen ohne Ziel,[31] eilt unstet von
Küste zu Küste, und eine immer mit der Gegenwart unzufriedene Leichtfertigkeit versucht sich bald auf dem Meer,
bald auf dem Land. »Jetzt wollen wir Kampanien aufsuchen!« Schon hat man vom Treiben der großen Welt genug.
»Unberührte Landstriche seien das Reiseziel: Das Land der
Bruttier und die Wälder Lukaniens wollen wir kennenlernen.« Irgendein lieblicher Ort wird aber doch inmitten der
Einöden aufgespürt, an denen sich verwöhnte Augen von
der Widerwärtigkeit weiter, unwirtlicher Landstriche erholen sollen. »Tarent sei unser Ziel, sein vielgerühmter Hafen,
seine Umgebung mit milderem Klima im Winter oder ihr
einst zahlreicher Bevölkerung genügender Reichtum ...
Lenken wir nunmehr unseren Lauf nach Rom: zu lange
verzichteten die Ohren auf rauschenden Beifall; auch wollen
wir uns endlich wieder an Menschenblut weiden.« (14) Eine
Reise löst die andere ab und ein Schauspiel folgt dem anderen. So sagt Lukrez:

> Stets flieht so ein jeder vor sich selber.[32]

Aber was nützt es, wenn er sich selber nicht entkommt. Er
folgt sich selber und ist sein lästigster Begleiter. (15) Deshalb
müssen wir uns vergegenwärtigen: das Übel, an dem wir
leiden, liegt nicht an den Orten, sondern in uns. Zu kraftlos
sind wir, alles zu ertragen, weder fähig, Mühe, ein Vergnügen, uns selber oder überhaupt etwas länger auszuhalten.
Dieser Zustand hat manchen in den Tod getrieben. Weil sie
bei dem häufigen Versuch, ihre Ziele zu ändern, auf ihren
Ausgangspunkt zurückgelenkt wurden und einem neuen
Wagnis keinen Raum gelassen hatten, begann ihnen ihr
Leben, ja sogar ihre Umwelt zum Überdruß zu werden, und
es stellte sich ihnen die bekannte Frage selbstzerstörerischer
Wohllebens: »Wie lange noch immer dasselbe?«
3 (1) Gegen diesen Überdruß – welche Abhilfe da nach
meiner Meinung zu schaffen sei, das fragst du. Am besten
wäre es, wie Athenodorus[33] behauptet, sich zu einem tätigen

et rei publicae tractatione et officiis civilibus se detinere.
Nam, ut quidam sole atque exercitatione et cura corporis
diem educunt athletisque longe utilissimum est lacertos suos
roburque, cui se uni dicaverunt, maiore temporis parte
nutrire, ita nobis, animum ad rerum civilium certamen
parantibus, in opere esse nostro longe pulcherrimum est:
nam, cum utilem se efficere civibus mortalibusque proposi-
tum habeat, simul et exercetur et proficit qui in mediis se
officiis posuit, communia privataque pro facultate adminis-
trans. (2) »Sed, quia in hac, inquit, tam insana hominum
ambitione, tot calumniatoribus in deterius recta torquenti-
bus, parum tuta simplicitas est et plus futurum semper est
quod obstet quam quod succedat, a foro quidem et publico
recedendum est. Sed habet ubi se etiam in privato laxe
explicet magnus animus, nec, ut leonum animaliumque
impetus caveis coercetur, sic hominum, quorum maximae in
seducto actiones sunt. (3) Ita tamen delituerit, ut, ubicum-
que otium suum absconderit, prodesse velit singulis univer-
sisque ingenio, voce, consilio. Nec enim is solus rei publicae
prodest, qui candidatos extrahit et tuetur reos et de pace
belloque censet; sed qui iuventutem exhortatur, qui in tanta
bonorum praeceptorum inopia virtutem insinuat animis, qui
ad pecuniam luxuriamque cursu ruentes prensat ac retrahit
et, si nihil aliud, certe moratur, in privato publicum nego-
tium agit.

Leben, der Erfüllung politischer Aufgaben und Leistungen für die Mitbürger zu verpflichten. Denn wie manche den Tag verbringen mit Wettkampfvorbereitung in der Sonnenglut und Pflege ihres Körpers und wie es für Athleten bei weitem am nützlichsten ist, die Spannkraft ihrer Muskeln den größten Teil ihrer Zeit hindurch zu festigen – allein darauf sind sie bedacht –, so ist es für uns, die wir unseren Geist allein auf den politischen Wettstreit ausrichten, bei weitem am schönsten, in unserer Aufgabe zu verbleiben. Denn wenn es eine sinnvolle Aufgabe ist, sich seinen Mitbürgern und Mitmenschen nützlich zu erweisen, so erreicht zugleich Übung und Fortschritt, wer sich mitten in seine Verpflichtungen stürzte, indem er nach Kräften Aufgaben für die Gemeinschaft wie für sich wahrnahm. (2) »Aber weil,« so fährt er fort, »bei diesem so sinnlosen Ehrgeiz der Menschen, bei so vielen Verleumdern, die böswillig das Recht verdrehen, Aufrichtigkeit zu wenig Sicherheit bietet und Hindernisse immer zahlreicher sind als Erfolge, so muß man gewiß das Forum und die Öffentlichkeit hinter sich lassen. Indessen findet eine hohe Gesinnung auch im privaten Leben ein weites Betätigungsfeld, und es ist bei Löwen und anderen Tieren, deren Kampfgeist in Käfigen gebrochen wird, nicht so wie bei den Menschen, deren Tätigkeit sich vor allem im verborgenen abspielt. (3) Dennoch: mag er sich auch im Hintergrund halten, so will er doch, gleich wohin er sich in der Abgeschiedenheit seiner Muße zurückgezogen hat, einzelnen und der Gemeinschaft durch seinen Geist, seinen Zuruf und Rat nützen. Denn nicht nur der nützt dem Gemeinwesen, der Amtsbewerber vorstellt, Angeklagte verteidigt und über Krieg und Frieden abstimmt, sondern einer, der die Jugend ermutigt, der bei einem so drückenden Mangel an guten Lehren die Tugend einpflanzt, der die Menschen bei ihrem Jagen und Hasten nach Geld und Überfluß festhält und sie zurückzieht, und wenn er sonst nichts erreicht, sie wenigstens aufhält und im privaten Kreis für die Allgemeinheit handelt.

(4) An ille plus praestat, qui inter peregrinos et cives aut urbanus praetor adeuntibus assessoris verba pronuntiat, quam qui quid sit iustitia, quid pietas, quid patientia, quid fortitudo, quid mortis contemptus, quid deorum intellectus, quam gratuitum bonum sit bona conscientia? (5) Ergo, si tempus in studia conferas quod subduxeris officiis, non deserveris nec munus detractaveris: neque enim ille solus militat qui in acie stat et cornu dextrum laevumque defendit, sed et qui portas tuetur et statione minus periculosa, non otiosa tamen fungitur vigiliasque servat et armamentario praeest; quae ministeria, quamvis incruenta sint, in numerum stipendiorum veniunt. (6) Si te ad studia revocaveris, omne vitae fastidium effugeris, nec noctem fieri optabis taedio lucis, nec tibi gravis eris nec aliis supervacuus; multos in amicitiam attrahes affluetque ad te optimus quisque. Numquam enim, quamvis obscura, virtus latet, sed mittit sui signa: quisquis dignus fuerit vestigiis illam colliget.
(7) Nam, si omnem conversationem tollimus et generi humano renuntiamus vivimusque in nos tantum conversi, sequetur hanc solitudinem omni studio carentem inopia rerum agendarum: incipiemus aedificia alia ponere, alia subvertere, et mare summovere et aquas contra difficultatem locorum educere, et male dispensare tempus quod nobis natura consumendum dedit.
(8) Alii parce illo utimur, alii prodige; alii sic impendimus ut

(4) Oder leistet derjenige mehr, der unter Ausländern und Bürgern oder der als Stadtprätor den Rechtssuchenden die Worte des Beisitzers verkündet als der Verkünder dessen, was Gerechtigkeit, was Ehrfurcht, was Geduld, was Tapferkeit, was Todesverachtung, was Wissen um die Götter und ein wie wenig aufwendiges Gut ein gutes Gewissen sei. (5) Wenn du also deine Zeit auf Studien verwendest, die du dem Staatsdienst entziehst, dann wirst du deine Aufgabe nicht vernachlässigen und dich ihr nicht verweigern. Es leistet ja nicht nur *der* Soldatendienst, der an der Front steht, den linken oder rechten Flügel verteidigt, sondern auch einer, der die Tore schützt, der einen weniger gefährlichen, aber doch nicht müßigen Posten versieht, Nachtwache hält und das Waffenarsenal beaufsichtigt. Mögen diese Dienstleistungen auch kein Blutvergießen erfordern, zum Waffenhandwerk gehören sie doch. (6) Wenn du dich wieder den Studien zuwendest, dich allen Widerwärtigkeiten des Lebens entziehst, dann wirst du nicht aus Überdruß über den Tag wünschen, es solle Nacht werden, wirst dir nicht selber zur Last fallen noch anderen nutzlos sein. Viele wirst du zu deinem Freundeskreis[34] ziehen, und gerade die Besten werden dir zuströmen. Denn mag die Tugend auch im Schatten stehen, verborgen ist sie niemals, sondern durch Zeichen gibt sie sich zu erkennen. Jeder, der ihrer würdig ist, wird ihren Spuren folgen.
(7) Denn wenn wir jeglichen Umgang aus der Welt schaffen, uns der Menschlichkeit versagen und nur ein uns selbst zugewendetes Leben führen, dann wird auf diese Einsamkeit ohne jede Zielsetzung der Mangel an Möglichkeit zum Handeln folgen. Wir werden beginnen, da Gebäude zu errichten,[35] dort einzureißen, das Meer einzudämmen und Wasserleitungen ungeachtet aller Hindernisse des Geländes zu ziehen, schlecht hauszuhalten mit der Zeit,[36] die uns die Natur zur Nutzung gab.
(8) Die einen von uns gehen sparsam, die anderen unachtsam mit ihr um; die einen verwenden sie so, daß wir Rechen-

possimus rationem reddere, alii ut nullas habeamus reliquias, qua re nihil turpius est. Saepe grandis natu senex nullum aliud habet argumentum quo se probet diu vixisse, praeter aetatem.«

4 (1) Mihi, carissime Serene, nimis videtur summisisse temporibus se Athenodorus, nimis cito refugisse. Nec ego negaverim aliquando cedendum, sed sensim relato gradu et salvis signis, salva militari dignitate: sanctiores tutioresque sunt hostibus suis qui in fidem cum armis veniunt. (2) Hoc puto virtuti faciendum studiosoque virtutis: si praevalebit fortuna et praecidet agendi facultatem, non statim aversus inermisque fugiat, latebras quaerens, quasi ullus locus sit quo non possit fortuna persequi, sed parcius se inferat officiis et cum dilectu inveniat aliquid in quo utilis civitati sit. (3) Militare non licet: honores petat. Privato vivendum est: sit orator. Silentium indictum est: tacita advocatione cives iuvet. Periculosum etiam ingressu forum est: in domibus, in spectaculis, in conviviis bonum contubernalem, fidelem amicum, temperantem convivam agat. Officia civis amisit: hominis exerceat.

(4) Ideo magno animo nos non unius urbis moenibus clusimus, sed in totius orbis commercium emisimus patriamque nobis mundum professi sumus, ut liceret latiorem virtuti campum dare.

Praeclusum tibi tribunal est et rostris prohiberis aut comitiis: respice post te quantum latissimarum regionum pateat,

schaft darüber abgeben können, die anderen so, daß wir
keine Rücklagen haben – die größte Schande, die es gibt. Oft
hat ein hochbetagter Greis als einzigen Beweis für sein
langes Leben sein Alter.«

4 (1) Mir scheint es, liebster Serenus,[37] daß Athenodorus
sich allzu sehr den Erfordernissen der Zeit gebeugt, allzu
schnell sich zur Flucht gewendet hat. Ich will gar nicht
leugnen, daß man ihnen gelegentlich weichen muß, aber
langsam, Schritt für Schritt, ohne Verlust der Feldzeichen,
ohne Verlust der Soldatenehre. Geachteter und sicherer vor
ihren Feinden sind die, die sich mit den Waffen in der Hand
ergeben. (2) So, meine ich, muß die Tugend und ein Freund
der Tugend handeln. Wenn das Schicksal übermächtig ist
und die Möglichkeit zum Handeln abschneidet, dann sollte
er sich nicht gleich waffenlos zur Flucht wenden, auf der
Suche nach einem Versteck, so als ob es irgendeine Stelle
gäbe, an die dich das Schicksal nicht verfolgen könnte, nein:
vorsichtiger stelle er sich öffentlichen Aufgaben und finde
mit Bedacht eine, um darin der Bürgerschaft nützlich zu
sein. (3) Soldatendienst zu leisten ist ihm verwehrt. Er
bewerbe sich um Ehrenämter! Als Privatmann muß er leben.
Er sei ein Redner! Redeverbot wurde ihm auferlegt. Mit
wortlosem Beistand helfe er den Mitbürgern! Gefahrvoll
ist's für ihn sogar, das Forum zu betreten. In Privathäusern,
bei Schauspielen und Gelagen spiele er die Rolle eines guten
Kameraden, des treuen Freundes und des bescheidenen
Gastes! Seine Pflichten als Bürger mußte er aufgeben. Er
nehme sie wahr als Mensch.

(4) Deshalb haben wir uns dank unserer Seelengröße nicht
innerhalb der Mauern einer Stadt eingeschlossen,[38] sondern
sind in Verbindung getreten mit dem ganzen Erdkreis und
haben als Vaterstadt für uns das Weltall beansprucht, damit
es möglich sei, der Tugend ein weites Feld einzuräumen.

Es bleibt dir der Gerichtshof verschlossen, von der Redner-
bühne weist man dich oder von der Volksversammlung.
Schau hinter dich, wie weite Gegenden, welche Menge von

quantum populorum. Numquam ita tibi magna pars ob-
struetur, ut non maior relinquatur. (5) Sed vide ne totum
istud tuum vitium sit. Non vis enim nisi consul aut prytanis
aut ceryx aut sufes administrare rem publicam. Quid si
militare nolis nisi imperator aut tribunus? Etiam si alii
primam frontem tenebunt, te sors inter triarios posuerit,
inde voce, adhortatione, exemplo, animo milita: praecisis
quoque manibus, ille in proelio invenit quod partibus confe-
rat, qui stat tamen et clamore iuvat. (6) Tale quiddam facias:
si a prima te rei publicae parte fortuna summoverit, stes
tamen et clamore iuves, et, si quis fauces oppresserit, stes
tamen et silentio iuves. Numquam inutilis est opera civis
boni: auditus est visusque. Vultu, nutu, obstinatione tacita
incessuque ipso prodest. (7) Ut salutaria quaedam citra
gustum tactumque odore proficiunt, ita virtus utilitatem
etiam ex longinquo et latens fundit: sive spatiatur et se utitur
suo iure, sive precarios habet excessus cogiturque vela con-
trahere, sive otiosa mutaque est et anguste circumsaepta, sive
adaperta, in quocumque habitu est, proficit. Quid tu parum
utile putas exemplum bene quiescentis?

(8) Longe itaque optimum est miscere otium rebus, quotiens
actuosa vita impedimentis fortuitis aut civitatis condicione
prohibebitur; numquam enim usque eo interclusa sunt
omnia, ut nulli actioni locus honestae sit.

5 (1) Numquid potes invenire urbem miseriorem quam

Völkern daliegen. Manchmal wird man dir einen großen Teil verwehren, aber ein größerer bleibt dir übrig. (5) Aber überlege, ob die Schuld an diesem Scheitern nicht ganz bei dir liegt! Du willst ja nur als Konsul, Prytane, Keryx oder als Suffet politisch tätig sein.[39] Wie? Wenn du nur als Imperator oder als Tribun Soldatendienst leisten willst! Auch dann, wenn die anderen in der ersten Reihe stehen, das Los dich für die Reserve[40] bestimmt hat, leiste von da aus deinen Dienst durch Zuruf, Ermutigung, Vorbild und Haltung. Die Hände sind ihm abgeschlagen, und doch findet im Gefecht der, der seinen Mann steht und mit Zuruf hilft, Gelegenheit, an seiner Stelle nützlich zu sein. (6) Etwa so magst du handeln: Wenn dich das Schicksal von der ersten Stelle im Gemeinwesen verdrängt hat, steh dennoch deinen Mann und hilf mit Zurufen, und wenn dir einer die Kehle zudrückt, steh dennoch deinen Mann und hilf durch Schweigen! Niemals ist das Zupacken eines gutgesinnten Bürgers nutzlos. Gehört hat man ihn und gesehen. Durch seinen Blick, einen Wink, wortlose Beharrlichkeit und schon durch seinen Gang nützt er. (7) Wie manche Heilmittel, ohne daß man sie einnimmt oder aufträgt, durch ihren Geruch wirken, so verbreitet die Tugend ihren Nutzen auch aus der Ferne und im verborgenen, sei es, daß sie sich frei bewegt und über sich nach eigenem Recht verfügt oder nur beschränkte Entfaltungsmöglichkeiten hat und die Segel einholen muß oder, zu Schweigen und Untätigkeit verurteilt, auf engen Raum beschränkt ist oder völlig frei: in jedem Zustand entfaltet sie ihre Wirkung. Warum hältst du das Beispiel einer recht verwendeten Muße für zu wenig nützlich?

(8) Bei weitem am besten ist es daher, Muße mit Handeln zu verbinden, sooft ein tätiges Leben durch zufällige Hindernisse oder durch politische Verhältnisse unmöglich wird. Denn niemals sind uns alle Wege derart versperrt, daß nicht Raum für ehrenhaftes Handeln bliebe.

5 (1) Kannst du eine unglücklichere Stadt finden als die der

Atheniensium fuit, cum illam triginta tyranni divellerent?
Mille trecentos cives, optimum quemque, occiderant, nec
finem ideo faciebant, sed irritabat se ipsa saevitia. In qua
civitate erat Areos pagos, religiosissimum iudicium, in qua
senatus populusque senatui similis, coibat cotidie carnificum
triste collegium et infelix curia tyrannis augusta. Poteratne
illa civitas conquiescere, in qua tot tyranni erant quot satelli-
tes essent? Ne spes quidem ulla recipiendae libertatis animis
poterat offeri, nec ulli remedio locus apparebat contra tan-
tam vim malorum: unde enim miserae civitati tot Harmodios?
(2) Socrates tamen in medio erat, et lugentes patres consola-
batur, et desperantes de re publica exhortabatur, et divitibus
opes suas metuentibus exprobrabat seram periculosae avari-
tiae paenitentiam, et imitari volentibus magnum circumfere-
bat exemplar, cum inter triginta dominos liber incederet.
(3) Hunc tamen Athenae ipsae in carcere occiderunt, et qui
tuto insultaverat agmini tyrannorum, eius libertatem libertas
non tulit: ut scias et in afflicta re publica esse occasionem
sapienti viro ad se proferendum, et in florenti ac beata saevi-
tiam, invidiam, mille alia inermia vitia regnare. (4) Utcumque
ergo se res publica dabit, utcumque fortuna permittet, ita aut
explicabimus nos aut contrahemus, utique movebimus nec
alligati metu torpebimus. Immo ille vir fuerit, qui, periculis

Athener damals, als die dreißig Tyrannen sie in Zwietracht
stürzten?[41] Eintausenddreihundert Bürger waren ums Leben
gekommen, gerade die Besten, aber sie setzten darum ihrem
Treiben kein Ende, sondern es fand die Brutalität in sich
selber Ansporn. In der Bürgerschaft, in der es den Areopag,[42]
das ehrwürdigste Gericht, in der es den Senat und eine
dem Senat ähnliche Volksversammlung gab, trat täglich das
schreckenverbreitende Kollegium von Henkern und die un-
selige, nur im Urteil der Tyrannen erhabene Kurie zusam-
men. Konnte jene Bürgerschaft zum Frieden gelangen, in
der es so viele Tyrannen gab, wie Komplizen genügt hätten?
Nicht einmal ein Funke von Hoffnung, die Freiheit wieder-
zugewinnen, konnte den Bürgern aufleuchten, und keine
Gelegenheit zu irgendeiner Abhilfe zeigte sich gegen eine
solche Flut von Unheil. Denn woher hätte die unglückliche
Bürgerschaft so viele Leute von Harmodios' Schlage haben
sollen?

(2) Sokrates[43] aber bewegte sich mitten unter den Bürgern,
er tröstete die klagenden Väter, ermutigte die am Gemeinwesen Verzweifelnden; den Reichen, die um ihre Habe
fürchteten, hielt er ihre verspätete Reue über verderbenbrin-
gende Habsucht vor und stellte überall denen, die ihm
nacheifern wollten, sein Beispiel vor Augen, bewegte er sich
doch als freier Mann inmitten von dreißig Gewaltherren.
(3) Trotzdem hat ihn eben dieses Athen im Gefängnis zu
Tode gebracht, und es ertrug den Freimut des Mannes, der
gefahrlos der Schar der dreißig Tyrannen gespottet hatte,
die Freiheit nicht, so daß du weißt: in einem gedemütig-
ten Gemeinwesen hat ein weiser Mann Gelegenheit, sich zu
bewähren, in einem blühenden und glücklichen herrschen
Brutalität, Mißgunst und zahllose andere Laster ohne Waffen. (4) Je nach dem sich also die politische Lage gestaltet,
das Schicksal es zuläßt, werden wir uns entfalten oder
beschränken, in jedem Falle werden wir regsam bleiben,
nicht von Furcht gelähmt tatenlos zusehen. Ja, jener dürfte
ein großer Mann sein, der, während Gefahren von allen

undique imminentibus, armis circa et catenis frementibus, non alliserit virtutem nec absconderit: non est enim servare se obruere. (5) Ut opinor, Curius Dentatus aiebat malle esse se mortuum quam vivere: ultimum malorum est e vivorum numero exire antequam moriaris. Sed faciendum erit, si in rei publicae tempus minus tractabile incideris, ut plus otio ac litteris vindices, nec aliter quam in periculosa navigatione subinde portum petas, nec exspectes donec res te dimittant, sed ab illis te ipse diiungas.

6 (1) Inspicere autem debebimus primum nosmet ipsos, deinde ea quae aggrediemur negotia, deinde eos quorum causa aut cum quibus. (2) Ante omnia necesse est se ipsum aestimare, quia fere plus nobis videmur posse quam possumus: alius eloquentiae fiducia prolabitur, alius patrimonio suo plus imperavit quam ferre posset, alius infirmum corpus laborioso pressit officio.

(3) Quorundam parum idonea est verecundia rebus civilibus, quae firmam frontem desiderant; quorundam contumacia non facit ad aulam; quidam non habent iram in potestate, et illos ad temeraria verba quaelibet indignatio effert; quidam urbanitatem nesciunt continere nec periculosis abstinent salibus: omnibus his utilior negotio quies est. Ferox impatiensque natura irritamenta nociturae libertatis evitet. (4) Considerandum est utrum natura tua agendis rebus an otioso studio contemplationique aptior sit, et eo inclinandum quo te vis ingenii feret: Isocrates Ephorum iniecta

Seiten drohen, Waffen und Ketten ringsherum klirren, gegen die Tugend nicht verstoßen und sie nicht versteckt hat. Denn sich verbergen heißt nicht sich retten. (5) Curius Dentatus,[44] wie ich glaube, sagte, er wolle lieber tot sein als wie ein Toter leben. Das größte Unglück ist es, aus der Zahl der Lebenden zu scheiden, bevor du stirbst. Aber wenn du in eine weniger ruhige politische Lage gerätst, dann mußt du mehr Zeit für Muße und Wissenschaft beanspruchen und – nicht anders als auf gefährlicher Seefahrt – solltest du sofort einen Hafen ansteuern, nicht aber Ausschau halten, bis die Umstände dich freigeben, sondern dich selbst von ihnen freimachen.

6 (1) Wir werden aber zunächst uns selbst prüfen müssen, sodann die Geschäfte, die wir in Angriff nehmen, sodann die Personen, deretwegen oder mit denen wir handeln.[45] (2) Vor allem ist es notwendig, sich selbst einzuschätzen, weil wir in der Regel uns einbilden, mehr leisten zu können, als es wirklich der Fall ist: der eine kommt zu Fall durch das Vertrauen auf seine Beredsamkeit, der andere belastete sein Vermögen mehr, als es vertragen konnte, ein dritter hat seine schwächliche Konstitution durch zu mühselige Verpflichtungen gebrochen.

(3) Einige haben eine für das politische Leben, das entschiedener Entschlossenheit bedarf, wenig geeignete Zurückhaltung, die Schroffheit einiger paßt nicht für den Hof, einige wissen ihren Zorn nicht zu beherrschen, und jeder erdenkliche Ärger reißt sie zu unbedachten Worten hin, einige verstehen nicht, ihre spitze Zunge zu zügeln, und sie verzichten nicht auf gefährliche Witze. Allen diesen ist Zurückgezogenheit nützlicher als ein Leben in der Öffentlichkeit. Ein aufbrausender und unbeherrschter Charakter meide die Verführungen einer freien Gesinnung, die ihm zum Schaden ausschlagen. (4) Es gilt zu überdenken,[46] ob dein Charakter mehr für ein tätiges Leben oder für mußevolles Sichversenken und geistige Betrachtung geeignet ist, und du mußt dich neigen, wohin dich die Richtung deiner Begabung lenkt.[47]

manu a foro subduxit, utiliorem componendis monumentis historiarum ratus. Male enim respondent coacta ingenia; reluctante natura, irritus labor est. (5) Aestimanda sunt deinde ipsa quae aggredimur, et vires nostrae cum rebus quas tentaturi sumus comparandae. Debet enim semper plus esse virium in actore quam in opere: necesse est opprimant onera quae ferente maiora sunt. (6) Quaedam praeterea non tam magna sunt quam fecunda multumque negotiorum ferunt: et haec refugienda sunt, ex quibus nova occupatio multiplexque nascetur. Nec accedendum eo unde liber regressus non sit: iis admovenda manus est, quorum finem aut facere aut certe sperare possis; relinquenda, quae latius actu procedunt nec ubi proposueris desinunt. (7) Hominum utique dilectus habendus est, an digni sint quibus partem vitae nostrae impendamus, an ad illos temporis nostri iactura perveniat: quidam enim ultro officia nobis nostra imputant. (8) Athenodorus ait ne ad cenam quidem se iturum ad eum qui sibi nihil pro hoc debiturus sit. Puto, intellegis multo minus ad eos iturum qui cum amicorum officiis paria mensa faciunt, qui fericula pro congiariis numerant, quasi in alienum honorem intemperantes sint. Deme illis testes spectatoresque, non delectabit, popina secreta ...

7 (1) Nihil tamen aeque oblectaverit animum quam amicitia fidelis et dulcis. Quantum bonum est, ubi praeparata sunt

Isokrates[48] führte einen Ephoros[49] eigenmächtig von der Agora weg, in der Überzeugung, er sei geeigneter, Geschichtswerke abzufassen. Denn nur unter Druck gesetzt, entsprechen Begabungen den Erwartungen nicht: wenn die Natur widerstrebt, bleibt das Mühen erfolglos. (5) Sodann gilt es, besonders die Aufgaben abzuschätzen, die wir in Angriff nehmen, und unsere Kräfte mit den Vorhaben, an die wir uns heranwagen wollen, in Vergleich zu setzen. Denn immer muß der Handelnde über mehr Kraft verfügen, als die Aufgabe abverlangt: Belastungen, die die Kraft des Ertragenden übersteigen, müssen ihn zerbrechen. (6) Ferner sind einige Unternehmungen nicht so sehr groß als vielmehr folgenreich, d. h. sie ziehen viele Geschäfte als Folge nach sich. Es gilt, solche Aufgaben zu meiden, aus denen neuartige und vielfältige Inanspruchnahme erwächst. Zudem soll man nicht an Aufgaben herantreten, von denen sich zurückzuziehen nicht freisteht: an solche Aufgaben mußt du Hand anlegen, deren Vollendung du entweder fertigbringen oder wenigstens erhoffen kannst; aufgeben aber diejenigen, die während deiner Arbeit anwachsen und nicht geringer werden, wenn du sie dir gestellt hast. (7) Besonders gilt es unter den Menschen auszuwählen danach, ob sie es verdienen, daß wir für sie einen Teil unseres Lebens aufwenden, ob sie die Aufopferung unserer Lebenszeit bemerken. Denn manche von ihnen stellen unsere Opfer für sie auch noch als Schuld in Rechnung. (8) Athenodorus sagt, er wolle sich nicht einmal an den Tisch setzen bei einem, der ihm dafür nicht verpflichtet sein wolle. Du siehst ein, denke ich, daß er die um so weniger aufsucht, die Liebesdienste ihrer Freunde durch ein Gelage vergelten, die seine Gänge als Spendenleistungen anrechnen, als ob sie, um andere zu ehren, maßlos seien. Nimm ihnen Zeugen und Zuschauer: ein Essen hinter verschlossenen Türen wird ihnen keine Freude bereiten . . .[50]

7 (1) Nichts aber erfreut wohl in gleicher Weise wie eine Freundschaft in Treue und Liebe. Was für ein Segen waltet

pectora in quae tuto secretum omne descendat, quorum
conscientiam minus quam tuam timeas, quorum sermo sollicitudinem leniat, sententia consilium expediat, hilaritas tri-
stitiam dissipet, conspectus ipse delectet! Quos scilicet
vacuos, quantum fieri poterit, a cupiditatibus eligemus:
serpunt enim vitia et in proximum quemque transiliunt et
contactu nocent. (2) Itaque, ut in pestilentia curandum est ne
correptis iam corporibus et morbo flagrantibus assideamus,
quia pericula trahemus afflatuque ipso laborabimus, ita in
amicorum legendis ingeniis dabimus operam ut quam
minime inquinatos assumamus: initium morbi est aegris sana
miscere. Nec hoc praeceperim tibi, ut neminem nisi sapientem sequaris aut attrahas: ubi enim istum invenies, quem tot
saeculis quaerimus? Pro optimo est minime malus. (3) Vix
tibi esset facultas dilectus felicioris, si inter Platonas et
Xenophontas et illum Socratici fetus proventum bonos
quaereres, aut si tibi potestas Catonianae fieret aetatis, quae
plerosque dignos tulit qui Catonis saeculo nascerentur (sicut
multos peiores quam umquam alias maximorumque molito-
res scelerum; utraque enim turba opus erat, ut Cato posset
intellegi: habere debuit et bonos, quibus se approbaret, et
malos, in quibus vim suam experiretur). Nunc vero, in tanta
bonorum egestate, minus fastidiosa fiat electio. (4) Praecipue
tamen vitentur tristes et omnia deplorantes, quibus nulla
non causa in querellas placet. Constet illi licet fides et

da, wo Herzen dazu herangebildet sind, daß gefahrlos jedes Geheimnis bei denen Aufnahme findet, deren Mitwissen du weniger fürchtest als dein eigenes, deren Zuwendung deine Zerknirschung lindert, deren Zureden Rat gibt, deren Heiterkeit Schwermut zerstreut und deren Anblick allein schon erfreut. Diese Freunde werden wir, soweit wie möglich, frei von Leidenschaften auswählen. Unmerklich finden ja Chrakterfehler Zugang, greifen gerade auf die Nächststehenden über und schaden durch bloße Berührung. (2) Deshalb: wie bei einer Pestepidemie dafür zu sorgen ist, daß wir nicht in die Nähe schon angesteckter und in Krankheit fiebernder Körper geraten, weil wir Gefahren auf uns ziehen und allein schon durch den Atem das Leiden auf uns laden werden, ebenso werden wir bei der Auswahl unserer Freunde uns darum bemühen, in ihrem Charakter möglichst wenig verdorbene Leute an uns zu binden. Es ist der Beginn der Krankheit, Gesundes und Krankes zu mischen. Auch das möchte ich dir nicht nahelegen, nur einem Weisen zu folgen und nur ihn in deine Nähe zu ziehen. Denn wo wirst du ihn finden, den wir so viele Jahrhunderte suchen? Als der Beste gilt der am wenigsten Schlechte. (3) Kaum hättest du Möglichkeit zu glücklicherer Wahl, wenn du unter Leuten wie Platon, Xenophon[51] und jener Nachkommenschaft aus der Pflanzstätte des Sokrates gutgesinnte Leute suchtest oder wenn ich dir die Möglichkeit zur Wahl über die Generation Catos[52] gäbe, die sehr viele der Zeit Catos würdige Zeitgenossen hervorbrachte – ebenso wie viele verkommenere als je sonst und verantwortliche für die größten Verbrechen; denn die Schar beider war erforderlich, damit Cato erkannt werden konnte: er mußte gutgesinnte Zeitgenossen haben, sich vor ihnen zu bewähren, und verkomme, an denen er seine Festigkeit bewährte –; jetzt aber bei einem so großen Mangel an Gutgesinnten soll die Auswahl weniger streng sein. (4) Besonders aber meide man melancholische und in allem hoffnungslose Leute, denen jeder Anlaß zu Klagen gelegen kommt. Mögen seine Verläßlichkeit und sein Wohl-

benevolentia, tranquillitati tamen inimicus est comes perturbatus et omnia gemens.

8 (1) Transeamus ad patrimonia, maximam humanarum aerumnarum materiam. Nam, si omnia alia quibus angimur compares, mortes, aegrotationes, metus, desideria, dolorum laborumque patientiam, cum iis quae nobis mala pecunia nostra exhibet, haec pars multum praegravabit. (2) Itaque cogitandum est quanto levior dolor sit non habere quam perdere, et intellegemus paupertati eo minorem tormentorum quo minorem damnorum esse materiam. Erras enim si putas animosius detrimenta divites ferre: maximis minimisque corporibus par est dolor vulneris. (3) Bion eleganter ait non minus molestum esse calvis quam comatis pilos velli. Idem scias licet de pauperibus locupletibusque, par illis esse tormentum: utrique enim pecunia sua obhaesit nec sine sensu revelli potest. Tolerabilius autem est, ut dixi, faciliusque non adquirere quam amittere, ideoque laetiores videbis quos numquam fortuna respexit quam quos deseruit. (4) Vidit hoc Diogenes, vir ingentis animi, et effecit ne quid sibi eripi posset. Tu istud paupertatem, inopiam, egestatem voca, quod voles ignominiosum securitati nomen impone: putabo hunc non esse felicem, si quem mihi alium inveneris cui nihil pereat. Aut ego fallor, aut regnum est inter avaros, circumscriptores, latrones, plagiarios unum esse cui noceri non possit. (5) Si quis de felicitate Diogenis dubitat, potest idem dubitare et de deorum immortalium statu, an parum

wollen unerschütterlich sein, so ist doch ein Begleiter ohne
seelisches Gleichgewicht, der über alles klagt, der Ausgeglichenheit des Geistes feind.

8 (1) Wenden wir uns dem Besitz materieller Güter zu, der
wichtigsten Quelle menschlicher Mühsale. Denn wenn du
alle anderen Ursachen unserer Ängste damit vergleichst –
Todesfälle, Krankheiten, Befürchtungen, Sehnsüchte, Ertragen von Schmerzen und Anstrengungen – mit den Übeln,[53]
die uns unser Vermögen einbringt, – dann wird diese letztere
Seite entschieden das Übergewicht haben. (2) Deshalb muß
man bedenken, ein wie viel geringerer Schmerz es ist, nichts
zu besitzen als es zu verlieren, und wir werden einsehen, daß
Armut um so weniger Anlaß zu Qualen mit sich bringt, je
weniger sie Verluste verursacht. Denn du irrst, wenn du
glaubst, die Reichen ertrügen Schaden mutiger. Für sehr
große Körper ist der Schmerz genauso schlimm wie für
kleine. (3) Bion[54] bemerkt treffend, es sei für Glatzköpfige
nicht weniger lästig, sich Haare ausreißen zu lassen, als für
Langhaarige. Entsprechend magst du über Reiche und Arme
wissen, daß ihre Qual gleich ist. Ein jeder von ihnen hängt ja
an seinem Geld, und nicht ohne Schmerz kann man es ihm
entreißen. Erträglicher aber ist es, wie ich sagte, und leichter, sich nichts zu verdienen als es zu verlieren, und deshalb
wirst du die Leute in größerer Freude sehen, die das Glück
nie eines Blickes gewürdigt hat, als solche, die es verlassen
hat. (4) Es sah dies Diogenes[55] ein, ein Mann von gewalti-
gem Geist, und er erreichte, daß ihm nichts genommen
werden konnte. Nenne du dies Armut, Mangel und Not; gib
der Sorglosigkeit irgendeinen Schimpfnamen. Ich werde ihn
nicht für glücklich halten, wenn du sonst einen findest, dem
nichts verloren geht. Entweder täusche ich mich, oder es ist
die Überlegenheit eines Königs,[56] unter Raffern, Gaunern,
Banditen und Lumpen der einzige zu sein, dem man nicht
schaden kann. (5) Wenn einer am Glück des Diogenes
zweifelt, dann kann er ebenso gut auch am Zustand der
unsterblichen Götter zweifeln:[57] ob sie nicht in zu geringer

beate degant quod illis nec praedia nec horti sint nec alieno
colono rura pretiosa nec grande in foro faenus. Non te
pudet, quisquis divitiis astupes? Respice agedum mundum:
nudos videbis deos, omnia dantes, nihil habentes. Hunc tu
pauperem putas an diis immortalibus similem, qui se fortuitis omnibus exuit? (6) Feliciorem tu Demetrium Pompei-
anum vocas, quem non puduit locupletiorem esse Pompeio?
Numerus illi cotidie servorum velut imperatori exercitus
referebatur, cui iamdudum divitiae esse debuerant duo vicarii et cella laxior. (7) At Diogeni servus unicus fugit nec eum
reducere, cum monstraretur, tanti putavit: »Turpe est«,
inquit, »Manen sine Diogene posse vivere, Diogenen sine
Mane non posse.« Videtur mihi dixisse: »Age tuum nego-
tium, Fortuna, nihil apud Diogenen iam tui est: fugit mihi
servus, immo liber abii.« (8) Familia petit vestiarium victumque; tot ventres avidissimorum animalium tuendi sunt,
emenda vestis et custodiendae rapacissimae manus et flen-
tium detestantiumque ministeriis utendum. Quanto ille felicior, qui nihil ulli debet nisi cui facillime negat, sibi!
(9) Sed, quoniam non est nobis tantum roboris, angustanda
certe sunt patrimonia, ut minus ad iniurias fortunae simus
expositi. Habiliora sunt corpora in bello quae in arma sua
contrahi possunt quam quae superfunduntur et undique
magnitudo sua vulneribus obicit; optimus pecuniae modus

Glückseligkeit leben, weil sie weder Landbesitzungen noch Parkanlagen noch durch in Dienst genommene Siedler wertvolle Ländereien oder auf dem Markt angelegtes großes Vermögen haben. Schämst du dich nicht, wer du auch seist, dich für Reichtum zu begeistern? Richte doch deinen Blick auf das Weltall: nackt wirst du die Götter sehen, die alles geben, nichts besitzen. Wirst du einen für arm halten oder den unsterblichen Göttern ähnlich, der sich aller Güter des Zufalls entledigt hat? (6) Glücklicher nennst du Demetrius,[58] den Gefolgsmann des Pompeius, der sich nicht schämte, reicher zu sein als Pompeius? Die Zahl seiner Sklaven wurde ihm täglich gemeldet wie dem Feldherrn die Zahl der Soldaten. Dabei hätten ihm der Besitz zweier gewöhnlicher Sklaven[59] oder ein einigermaßen geräumiger Wohnraum Reichtum bedeuten müssen. (7) Dem Diogenes dagegen entfloh sein einziger Sklave, und wenngleich man ihm sein Versteck mitteilte, hielt er es nicht der Mühe wert, ihn zurückbringen zu lassen. »Eine Schande wäre es«, meinte er, »daß Manes ohne Diogenes leben kann, nicht aber Diogenes ohne Manes.« Er scheint mir damit gesagt zu haben: »Walte nur, Schicksal, deines Amtes, bei Diogenes steht nichts mehr in deiner Macht! Ein Sklave ist mir entlaufen; gut, so habe ich mich auf freien Fuß gesetzt.« (8) Die Sklavenschar braucht Kleidung und Nahrung. So viele Mägen gieriger Geschöpfe muß man füllen, Kleidung beschaffen, ein wachsames Auge haben auf maßlos raffgierige Hände und die Dienste heulender und schimpfender Leute sich zunutze machen. Um wie viel glücklicher ist jener, der nur dem etwas schuldet, dem er es am leichtesten versagt: sich selber. (9) Da wir aber nicht so viel Geisteskraft haben, gilt es wenigstens, unseren Besitztümern enge Grenzen zu ziehen, damit wir den Übergriffen des Schicksals weniger ausgesetzt seien. Körperlich weniger sind diejenigen im Krieg, die sich hinter ihren Waffen bergen können, als Leute, die zu füllig sind und deren Korpulenz auf allen Seiten sich Verwundungen aussetzt. Das beste Maß für

est, qui nec in paupertatem cadit nec procul a paupertate discedit.

9 (1) Placebit autem haec nobis mensura si prius parsimonia placuerit, sine qua nec ullae opes sufficiunt nec ullae non satis patent, praesertim cum in vicino remedium sit et possit ipsa paupertas in divitias se, advocata frugalitate, convertere. (2) Assuescamus a nobis removere pompam et usus rerum, non ornamenta metiri. Cibus famem domet, potio sitim, libido qua necesse est fluat. Discamus membris nostris inniti, cultum victumque non ad nova exempla componere, sed ut maiorum mores suadent. Discamus continentiam augere, luxuriam coercere, gloriam temperare, iracundiam lenire, paupertatem aequis oculis aspicere, frugalitatem colere, etiam si multos pudebit rei eius, desideriis naturalibus parvo parata remedia adhibere, spes effrenatas et animum in futura imminentem velut sub vinculis habere, id agere, ut divitias a nobis potius quam a fortuna petamus. (3) Non potest umquam tanta varietas et iniquitas casuum ita depelli, ut non multum procellarum irruat magna armamenta pandentibus. Cogendae in artum res sunt, ut tela in vanum cadant, ideoque exsilia interim calamitatesque in remedium cessere et levioribus incommodis graviora sanata sunt. Ubi parum audit praecepta animus nec curari mollius potest, quidni consulatur, si et paupertas et ignominia et rerum eversio adhibetur? Malo malum opponitur. Assuesca-

Vermögen ist dasjenige, das weder in den Zustand der Armut verfällt noch sich weit davon entfernt.

9 (1) Wir werden aber an diesem Sinn für Maß dann Gefallen finden, wenn uns vorher Sparsamkeit gefallen hat, ohne die keinerlei Mittel genügen, aber alle hinreichen, zumal da Abhilfe naheliegt und gerade Armut mit Hilfe der Einfachheit sich in Reichtum verwandeln kann. (2) Wir wollen uns daran gewöhnen, Prunk von uns fernzuhalten und als Maß den Nutzen der Dinge, nicht ihren Glanz zu nehmen. Die Nahrung befriedige unseren Hunger, der Trunk unseren Durst und das Triebleben finde nur im Maße des Notwendigen seine Befriedigung. Wir wollen lernen,[60] auf eigenen Beinen zu stehen, unseren ganzen Lebensstil nicht nach modischen Vorbildern auszurichten, sondern so, wie es die Gesittung der Vorfahren nahelegt. Wir wollen lernen, unsere Selbstbescheidung zu festigen, Genußsucht einzuschränken, das Streben nach Anerkennung zu mäßigen, den Zorn zu dämpfen, Armut mit den Augen der Gleichmut zu betrachten, den Sinn für Schlichtheit zu pflegen, auch wenn viele sich dessen schämen, den natürlichen Wünschen mit um geringen Preis erworbenen Mitteln der Abhilfe zu begegnen, ungezügelte Hoffnungen und einen auf die Zukunft gerichteten Geist gleichsam in Fesseln[61] zu halten, danach zu handeln, daß wir Reichtum eher von uns als vom Schicksal erwarten. (3) Zwar ist es niemals möglich, Zufälligkeiten von so großer Vielfalt und Ungunst abzuwenden, aber viele Stürme fallen nur über diejenigen her, die ihre Segel zu weit ausspannen. Man muß wenig Angriffsfläche bieten, damit die Pfeile ihr Ziel verfehlen. Deshalb erwiesen sich Verbannung und materieller Schaden manchmal als segensreich,[62] und durch leichtere Verluste sind schwerere gelindert worden. Wo der Geist zu wenig auf Heilungsvorschläge hört und Gesundung durch gelindere Mittel unmöglich ist, warum sollte dann nicht Sorge getragen werden, wenn Armut, Schmach und Zerrüttung des Vermögens angewendet werden? Ein Übel stelle man gegen das andere.

mus ergo cenare posse sine populo et servis paucioribus
servire et vestes parare in quod inventae sunt et habitare
contractius. Non in cursu tantum circique certamine, sed in
his spatiis vitae interius flectendum est. (4) Studiorum quoque, quae liberalissima impensa est, tamdiu rationem habet
quamdiu modum. Quo innumerabiles libros et bibliothecas,
quarum dominus vix tota vita indices perlegit? Onerat dis-
centem turba, non instruit, multoque satius est paucis te
auctoribus tradere quam errare per multos. (5) Quadraginta
milia librorum Alexandriae arserunt. Pulcherrimum regiae
opulentiae monumentum alius laudaverit, sicut et Livius,
qui elegantiae regum curaeque egregium id opus ait fuisse.
Non fuit elegantia illud aut cura, sed studiosa luxuria, immo
ne studiosa quidem, quoniam non in studium, sed in specta-
culum comparaverant, sicut plerisque ignaris etiam pueri-
lium litterarum libri non studiorum instrumenta, sed cena-
tionum ornamenta sunt. Paretur itaque librorum quantum
satis sit, nihil in apparatum. (6) – Honestius, inquis, huc se
impensae quam in Corinthia pictasque tabulas effuderint. –
Vitiosum est ubique quod nimium est. Quid habes cur
ignoscas homini armaria e citro atque ebore captanti, corpora conquirenti aut ignotorum auctorum aut improba-
torum et inter tot milia librorum oscitanti, cui voluminum
suorum frontes maxime placent titulique? (7) Apud desidio-

Wir wollen uns also daran gewöhnen, ohne großes Publikum speisen zu können, einer geringeren Dienerschaft dienstbar zu sein, Kleider zu erwerben, wofür sie erfunden wurden, und auf engerem Raum zu wohnen. Nicht nur auf der Rennbahn und im Wettkampf des Zirkus, sondern auch auf dieser Bahn des Lebens muß man die Kurve enger nehmen. (4) Auch der Aufwand für Wissenschaften, der eines Freien am meisten angemessen ist, steht so lange in einem vernünftigen wie maßvollen Verhältnis. Wozu dienen unzählige Bücher und Bibliotheken,[63] deren Besitzer kaum in seinem ganzen Leben die Buchtitel gelesen hat? Belastung ist für den Lernenden das Übermaß, nicht Unterrichtung, und es ist viel besser, sich wenigen Autoren anzuvertrauen als sich durch viele verwirren zu lassen. (5) Vierhunderttausend Bücher verbrannten in Alexandreia. Das schönste Zeugnis königlichen Reichtums mag ein anderer rühmen, wie das auch Livius tut; er sagt, dies sei hervorragende Leistung des Kunstsinnes und der Fürsorge der Diadochen gewesen.[64] Das war damals nicht Kunstsinn oder Fürsorge, sondern Prunksucht mit Wissenschaft, nein: nicht einmal mit Wissenschaft, weil sie ja Aufwendungen nicht zu Studien-, sondern zu Selbstdarstellungszwecken[65] gemacht haben, wie für sehr viele Leute, die nicht einmal Elementarkenntnisse haben, Bücher nicht Hilfsmittel zu wissenschaftlicher Tätigkeit, sondern Ausschmückung ihrer Speisesäle sind. Deshalb schaffe man sich nur eine ausreichende Reihe von Büchern an, nicht aber zur Innendekoration. (6) Du sagst: »Ehrenvoller ist es, wenn man darauf Geldmittel verwendet als auf korinthische Vasen[66] und Gemälde. Überall ist das verwerflich, was ein Übermaß darstellt. Was hast du für einen Grund, einen mit Nachsicht zu behandeln, der auf der Jagd ist nach Bücherschränken aus Zedernholz und Elfenbein, auf der Suche nach Gesamtwerken unbekannter oder wenig anerkannter Autoren und der inmitten so vieler Tausender von Bänden gähnend dasitzt, dem an seinen Buchrollen Rücken und Titel am besten gefallen? (7) Bei den

sissimos ergo videbis quicquid orationum historiarumque est, tecto tenus exstructa loculamenta: iam enim, inter balnearia et thermas, bibliotheca quoque ut necessarium domus ornamentum expolitur. Ignoscerem plane, si studiorum nimia cupidine erraretur; nunc ista conquisita, cum imaginibus suis discripta, sacrorum opera ingeniorum in speciem et cultum parietum comparantur.

10 (1) At in aliquod genus vitae difficile incidisti et tibi ignoranti vel publica fortuna vel privata laqueum impegit, quem nec solvere possis nec rumpere. Cogita compeditos primo aegre ferre onera et impedimenta crurum; deinde, ubi non indignari illa, sed pati proposuerunt, necessitas fortiter ferre docet, consuetudo facile. Invenies in quolibet genere vitae oblectamenta et remissiones et voluptates, si volueris mala putare levia potius quam invidiosa facere. (2) Nullo melius nomine de nobis natura meruit, quae, cum sciret quibus aerumnis nasceremur, calamitatum mollimentum consuetudinem invenit, cito in familiaritatem gravissima adducens. Nemo duraret, si rerum adversarum eandem vim assiduitas haberet quam primus ictus. (3) Omnes cum fortuna copulati sumus: aliorum aurea catena est ac laxa, aliorum arta et sordida, sed quid refert? Eadem custodia universos circumdedit alligatique sunt etiam qui alligaverunt, nisi forte tu leviorem in sinistra catenam putas. Alium honores, alium opes vinciunt; quosdam nobilitas, quosdam

gleichgültigsten Faulpelzen wirst du also den ganzen Schatz an Rednern und Geschichtsschreibern vorfinden, bis ans Dach geführte Bücherregale. Ja es wird nun – neben Bädern und Thermen[67] – auch noch eine Bibliothek als notwendige Verschönerung des Hauses kunstvoll eingerichtet. Dafür hätte ich volles Verständnis, wenn der Irrtum in maßloser Begeisterung für die Wissenschaft beruhte. So aber werden diese Werke erhabener Denker, umgeben von ihren Büsten, zusammengesucht und zusammengerafft zu Zier und Schmuck der Wände.

10 (1) Aber du bist in eine schwierige Lebenssituation geraten; ohne es zu bemerken, hat dir dein persönliches Schicksal oder das des Gemeinwesens[68] eine Schlinge um den Hals geworfen, die du weder lösen noch zerreißen kannst. Denke daran, daß die Gefesselten zuerst die Last an den Füßen schwer ertragen, dann aber, wenn sie sich vorgenommen haben, sich darüber nicht zu empören, sondern sich zu fügen, lehrt die Notwendigkeit tapferes, die Gewöhnung geduldiges Ertragen.[69] In jeder Lebenslage wirst du Möglichkeiten zu Freude, Entspannung und Vergnügen finden, wenn du dich dareinschickst, Unglück lieber für unbedeutend zu halten anstatt es unerträglich zu machen. (2) Gerade aus diesem Grund hat uns die Natur den größten Nutzen erwiesen: da sie wußte, zu welchen Mühsalen wir geboren sind, hat sie als Erleichterung für unser Ungemach die Gewöhnung erfunden, wobei sie uns rasch mit dem schlimmsten Leid auf vertrauten Fuß stellte. Niemand hielte auf die Dauer durch, wenn ununterbrochene Unglücksfälle dieselbe Heftigkeit hätten wie der erste Schlag. (3) Alle sind wir an das Geschick gefesselt; aus Gold ist die Kette der einen und locker, die der anderen kurz und aus rostigem Eisen – aber was macht's aus?[70] Dieselbe Wache hat alle miteinander in Gewahrsam genommen, und in Schlingen liegen auch diejenigen, die Schlingen legten, wenn du nicht etwa die Kette an der Linken für leichter hältst. Den einen fesseln seine Ehrenämter, den anderen sein Reichtum; einige

humilitas premit; quibusdam aliena supra caput imperia
sunt, quibusdam sua; quosdam exsilia uno loco tenent,
quosdam sacerdotia. Omnis vita servitium est. (4) Assues-
cendum est itaque condicioni suae et quam minimum de illa
querendum et quicquid habet circa se commodi apprehen-
dendum: nihil tam acerbum est, in quo non aequus animus
solacium inveniat. Exiguae saepe areae in multos usus discri-
bentis arte patuerunt, et quamvis angustum pedem disposi-
tio fecit habitabilem. Adhibe rationem difficultatibus: possunt et dura molliri et angusta laxari et gravia scite ferentes
minus premere.
(5) Non sunt praeterea cupiditates in longinquum mittendae,
sed in vicinum illis egredi permittamus, quoniam includi ex
toto non patiuntur. Relictis iis quae aut non possunt fieri
aut difficulter possunt, prope posita speique nostrae alluden-
tia sequamur, sed sciamus omnia aeque levia esse, extrinse-
cus diversas facies habentia, introrsus pariter vana. Nec
invideamus altius stantibus: quae excelsa videbantur prae-
rupta sunt. (6) Illi rursus quos sors iniqua in ancipiti posuit
tutiores erunt superbiam detrahendo rebus per se superbis et
fortunam suam quam maxime poterunt in planum defe-
rendo. Multi quidem sunt quibus necessario haerendum sit
in fastigio suo, ex quo non possunt nisi cadendo descendere;
sed hoc ipsum testentur maximum onus suum esse, quod
aliis graves esse cogantur, nec sublevatos se, sed suffixos.
Iustitia, mansuetudine, humanitate, larga et benigna manu

beugt ihre hohe, einige ihre geringe Stellung. Auf einigen
lastet die Herrschaft anderer, auf anderen die eigene, einige
hält Verbannung an einem Ort fest, andere ein Priesteramt.
Das ganze Leben ist Knechtschaft. (4) Daher muß man sich
an seinen Zustand gewöhnen, sich so wenig wie möglich
darüber beklagen und jeden Vorteil, den er bietet, wahrneh-
men. Keine Situation ist so schmerzlich, daß nicht Gleichmut darin Trost fände. Kleine Grundstücke bieten oft durch
das Geschick des Architekten reichlich Raum, und auch
einen ganz engen Fußbreit Boden macht richtige Planung
bewohnbar. Bediene dich der Vernunft gegenüber den
Schwierigkeiten! Härte kann gemildert, Enge geweitet werden, schwere Last den weniger bedrücken, der sie zu tragen
weiß.
(5) Überdies darf man Leidenschaften nicht Freiraum
gewähren, sondern nur auf ein enges Umfeld auszugreifen
wollen wir ihnen gestatten, da sie ja nicht völlig eingeschlossen werden können. Wir wollen das aufgeben, was entweder
gar nicht oder nur mit Schwierigkeiten verwirklicht werden
kann, und naheliegende, unseren Hoffnungen sich anbie-
tende Ziele verfolgen, aber doch uns vergegenwärtigen, daß
alles gleich unbedeutend ist, wenngleich es nach außen
verschiedene Erscheinungsformen zeigt: sein innerer Wert
ist gleich bedeutungslos. Wir wollen nicht die beneiden, die
auf höherer Stufe stehen. Was hochragend schien, ist in den
Abgrund gestürzt. (6) Andererseits werden diejenigen, die
ein böses Geschick auf gefährliche Höhe gesetzt hat, sicherer sein, wenn sie auf ihren Stolz ungeachtet ihrer zu Stolz
verführenden Stellung verzichten, indem sie ihr Glück
soweit wie möglich herab auf die Ebene des Alltäglichen
verlegen. Zwar gibt es viele, die notgedrungen auf ihrem
Posten ausharren müssen, den sie nur durch einen Sturz
verlassen können; aber eben das mögen sie bezeugen, dies
falle ihnen am meisten zur Last, daß sie andere zu bedrücken
gezwungen sind und daß nicht ihr Streben, sondern Zwang
sie emporgehoben habe. Durch ihre Gerechtigkeit, Freund-

praeparent multa ad secundos casus praesidia, quorum spe securius pendeant. (7) Nihil tamen aeque nos ab his animi fluctibus vindicaverit quam semper aliquem incrementis terminum figere, nec fortunae arbitrium desinendi dare, sed ipsos multo quidem citra consistere. Sic et aliquae cupiditates animum acuent et finitae non in immensum incertumque producent.

11 (1) Ad imperfectos et mediocres et male sanos hic meus sermo pertinet, non ad sapientem. Huic non timide nec pedetentim ambulandum est: tanta enim fiducia sui est, ut obviam fortunae ire non dubitet nec umquam loco illi cessurus sit. Nec habet ubi illam timeat, quia non mancipia tantum possessionesque et dignitatem, sed corpus quoque suum et oculos et manum et quicquid cariorem vitam facit seque ipsum inter precaria numerat, vivitque ut commodatus sibi et reposcentibus sine tristitia redditurus. (2) Nec ideo vilis est sibi, quia scit se suum non esse; sed omnia tam diligenter faciet, tam circumspecte, quam religiosus homo sanctusque solet tueri fidei commissa. (3) Quandoque autem reddere iubebitur, non queretur cum fortuna, sed dicet: »Gratias ago pro eo quod possedi habuique. Magna quidem res tuas mercede colui, sed, quia ita imperas, do, cedo gratus libensque. Si quid habere me tui volueris etiamnunc, servabo; si aliud placet, ego vero factum signatumque argentum, domum familiamque meam reddo, restituo.« Appella-

lichkeit, Menschlichkeit, durch eine freigebige und gütige Hand mögen sie sich gegenüber glücklichen Zufälligkeiten vieler Stützen versichern in der Hoffnung, dadurch sicherer auf schwankendem Boden zu stehen. (7) Nichts aber wird uns von dieser wogenden Unruhe unseres Geistes in gleichem Maße befreien wie dies: immer unserem Aufstieg eine Begrenzung entgegenzusetzen, nicht dem Geschick die Entscheidung über Verzicht anheimzustellen,[71] sondern selbst lange vorher innezuhalten. So werden einige Begierden unseren Geist beflügeln, aber, in Grenzen gewiesen, nicht ins Ungewisse und Unermeßliche führen.

11 (1) An unvernünftige, durchschnittliche, gar nicht recht verständige Menschen richtet sich meine Darlegung, nicht an den Weisen. Er braucht nicht ängstlich und vorsichtig daherzukommen: so groß ist ja sein Selbstvertrauen, daß er ohne Bedenken dem Schicksal entgegentritt[72] und nie vor ihm den Posten aufgibt. Er weiß keinen Ort, wo er es zu fürchten hätte, weil er nicht nur Sklaven, Landbesitzungen und gesellschaftliches Ansehen, sondern auch seinen Körper,[73] Augen und Hand und alles, was sein Leben kostbarer macht, und sogar seine eigene Person unter die »Güter auf Abruf«[74] zählt: er lebt aus dem Gedanken, das Dasein sei ihm geliehen und auf Rückforderung werde er es ohne Betrübnis zurückgeben. (2) Er fühlt sich nicht deshalb wertlos, weil er weiß, er gehöre sich nicht selbst, sondern er wird in allem so sorgsam handeln, so umsichtig wie ein gottesfürchtiger und gewissenhafter Mann über seiner Verläßlichkeit anvertrautes Gut[75] wacht. (3) Wenn ihm aber befohlen wird, es zurückzuerstatten, dann wird er nicht mit dem Schicksal hadern, sondern erklären: »Dank sage ich für den Besitz und die Habe von einst. Mit großem Aufwand habe ich deinen Besitz in Ordnung gehalten, aber, weil du's so befiehlst, gebe, erstatte ich ihn gern, freudig zurück. Wenn du mir einen Teil von dir auch jetzt noch belassen willst, so will ich ihn behüten; wenn es dir anders gefällt, ja dann gebe, erstatte ich geformtes und geprägtes Silber, Haus und

verit natura, quae prior nobis credidit, et huic dicemus:
»Recipe animum meliorem quam dedisti; non tergiversor
nec refugio. Paratum habes a volente quod non sentienti
dedisti: aufer.« (4) Reverti unde veneris quid grave est? Male
vivet quisquis nesciet bene mori. Huic itaque primum rei
pretium detrahendum est et spiritus inter vilia numerandus.
Gladiatores, ut ait Cicero, invisos habemus, si omni modo
vitam impetrare cupiunt; favemus, si contemptum eius prae
se ferunt. Idem evenire nobis scias: saepe enim causa
moriendi est timide mori. (5) Fortuna illa, quae ludos sibi
facit: »Quo«, inquit, »te reservem, malum et trepidum
animal? Eo magis convulneraberis et confodieris, quia nescis
praebere iugulum. At tu et vives diutius et morieris expeditius, qui ferrum non subducta cervice nec manibus opposi-
tis, sed animose recipis.« (6) Qui mortem timebit, nihil
umquam pro homine vivo faciet; at qui sciet hoc sibi cum
conciperetur statim condictum, vivet ad formulam et simul
illud quoque eodem animi robore praestabit, ne quid ex iis
quae eveniunt subitum sit. Quicquid enim fieri potest quasi
futurum sit prospiciendo malorum omnium impetus molliet,
qui ad praeparatos exspectantesque nihil afferunt novi, secu-
ris et beata tantum spectantibus graves veniunt. (7) Morbus
est, captivitas, ruina, ignis: nihil horum repentinum est.
Sciebam in quam tumultuosum me contubernium natura
clusisset. Totiens in vicinia mea conclamatum est; totiens

Familie zurück.« Mag die Natur, was sie uns zuerst gegeben hat, einfordern; dann werden wir auch ihr sagen: »Nimm meinen Geist besser zurück, als du ihn gegeben hast; ich sträube mich nicht und fliehe nicht. Du erhältst von mir ohne Widerstreben bereitgestellt, was du mir, ohne daß ich's merkte, gabst: nimm es hin.« (4) Dorthin zurückzukehren, woher du gekommen bist, – was ist daran schmerzlich? Schlecht wird leben, wer nicht versteht gut zu sterben.[76] Diesem Dasein muß man also seinen Wert absprechen und das Leben unter die Gegenstände ohne Bedeutung zählen. Die Gladiatoren, so sagt Cicero,[77] sind uns verhaßt, wenn sie um jeden Preis ihr Leben erbetteln wollen; sie haben unsere Gunst, wenn sie Geringschätzung dafür zeigen. Genauso, das magst du dir vergegenwärtigen, geht es uns: oft ist ja die Ursache für den Tod die Angst vor ihm. (5) Jenes Schicksal, das sein Spiel treibt, sagt: »Was soll ich dich am Leben erhalten, elendes und angsterfülltes Wesen! Um so mehr wirst du von Schlägen und Stichen getroffen, als du nicht verstehst, deinen Nacken dem Henker zu bieten! Du aber wirst länger leben und leichter sterben, der du den Hieb des Beiles, ohne mit dem Nacken auszuweichen, ohne die Hände vorzuhalten, vielmehr mutig hinnimmst.« (6) Wer den Tod fürchtet, wird nie wie ein lebenstüchtiger Mensch handeln. Wer aber weiß, daß dies sogleich bei seiner Zeugung verabredet worden ist, der wird nach dem Grundsatz leben und zugleich mit der nämlichen Seelenstärke auch dies fertigbringen, daß für ihn von dem, was ihm zustößt, nichts überraschend sei. Denn indem er alles, was geschehen kann, so als ob es wirklich geschähe, voraussieht, wird er den Ansturm des Unheils brechen, der diejenigen, die gewappnet danach Ausschau halten, nicht überrascht, diejenigen, die sorglos auf ihr Glück schauen, schwer trifft. (7) Krankheit gibt es, Gefangenschaft, Einsturz und Brand des Hauses: nichts von alledem ist unvorhersehbar. Ich wußte, in welch aufruhrerfüllte Schicksalsgemeinschaft mich die Natur eingeschlossen hatte. So oft ertönte in meiner

praeter limen immaturas exsequias fax cereusque praecessit;
saepe a latere ruentis aedificii fragor sonuit; multos ex iis
quos forum, curia, sermo mecum contraxerat, nox abstulit
et iunctas sodalium manus † copuatas † interscidit: mirer ad
me aliquando pericula accessisse, quae circa me semper
erraverint? (8) Magna pars hominum est quae navigatura de
tempestate non cogitat. Numquam me in re bona mali
pudebit auctoris: Publilius, tragicis comicisque vehementior
ingeniis quotiens mimicas ineptias et verba ad summam
caveam spectantia reliquit, inter multa alia cothurno, non
tantum sipario fortiora et hoc ait:

     Cuivis potest accidere quod cuiquam potest.

Hoc si quis in medullas demiserit et omnia aliena mala,
quorum ingens cotidie copia est, sic aspexerit tamquam
liberum illis et ad se iter sit, multo ante se armabit quam
petatur. Sero animus ad periculorum patientiam post pericula instruitur. (9) »Non putavi hoc futurum« et: »Umquam tu hoc eventurum credidisses?« Quare autem non?
Quae sunt divitiae quas non egestas et fames et mendi-
citas a tergo sequatur? quae dignitas, cuius non praetextam
et augurale et lora patricia sordes comitentur et exprobratio
notae et mille maculae et extrema contemptio? quod regnum
est, cui non parata sit ruina et proculcatio et dominus et
carnifex? nec magnis ista intervallis divisa, sed horae
momentum interest inter solium et aliena genua. (10) Scito

Nachbarschaft Wehgeschrei; so oft zog an meiner Tür-
schwelle vorbei vor dem Sarg eines zu jung Verstorbenen die
Totenfackel.[78] Oft dröhnte in meiner Nähe das Krachen
eines einstürzenden Gebäudes. Viele von denen, die das
Forum, die Kurie, das Gespräch mit mir zusammengeführt
hatte, raffte eine Nacht hinweg und trennte der Gefährten
innig verbundene Hände: da soll ich mich wundern, daß
mich einmal die Gefahren trafen, die immer in meiner Nähe
ziellos ihr Opfer suchten? (8) Der Großteil der Menschen
denkt vor einer Seereise nicht an den Sturm.[79] Ich werde
mich nie scheuen, bei einem guten Gedanken einen schlech-
ten Autor anzuführen: Publilius[80], ein kraftvollerer Dichter
als die der Tragödie und Komödie, sooft er auf die Torheiten
von Possenreißern und auf nur zu den obersten Rängen
zielende Kraftsprüche verzichtete, sagt neben vielen nicht
nur den Ton der Trauer-, sondern auch der Lustspiele
übertreffenden Äußerungen auch dies:

Jeden kann treffen, was irgendeinen treffen kann.

Wenn sich einer diesen Satz zu Herzen nimmt und alles
Unheil anderer, wovon es täglich eine ungeheure Menge
gibt, so betrachten wollte, als ob ihm auch der Weg zu ihm
freistünde, dann wird er sich wappnen, lange bevor er
angegriffen wird. Zu spät richtet sich der Geist zur Geduld
gegen Gefahren ein nach den Gefahren. (9) »Ich hätte nicht
damit gerechnet, daß dies mich trifft« und »Hättest du
geglaubt, es werde dahin kommen?« Aber warum denn
nicht? Wo gibt es Reichtum, dem nicht Armut, Hunger und
Mühsal auf dem Fuße folgen? Wo die Würde, deren Purpur,
Augurenstab und Patrizierschuh nicht Entbehrung, öffentliche Herabwürdigung, Schmähung ohne Zahl und äußerste
Verächtlichmachung im Gefolge hatte?[81] Wo gibt es eine
Königsherrschaft, die nicht Sturz und Zertrümmerung, ein
Gewaltherrscher und der Henker bedrohen? Nicht durch
lange Zeiträume sind sie getrennt, sondern der Augenblick
einer Stunde liegt zwischen Thron und Kniefall vor einem
anderen. (10) Vergegenwärtige dir also, daß jeglicher Zu-

ergo omnem condicionem versabilem esse et quicquid in
ullum incurrit posse in te quoque incurrere. Locuples es
numquid divitior Pompeio? Cui cum Gaius, vetus cognatus
hospes novus, aperuisset Caesaris domum ut suam cluderet,
defuit panis, aqua. Cum tot flumina possideret in suo orien-
tia, in suo cadentia, mendicavit stillicidia; fame ac siti periit
in palatio cognati, dum illi heres publicum funus esurienti
locat. (11) Honoribus summis functus es: numquid aut tam
magnis aut tam insperatis aut tam universis quam Seianus?
Quo die illum senatus deduxerat, populus in frusta divisit.
In quem quicquid congeri poterat dii hominesque contule-
rant, ex eo nihil superfuit quod carnifex traheret. (12) Rex
es: non ad Croesum te mittam, qui rogum suum et escendi
iussus et exstingui vidit, factus non regno tantum, etiam
morti suae superstes; non ad Iugurtham, quem populus
Romanus intra annum quam timuerat spectavit: Ptole-
maeum Africae regem, Armeniae Mithridaten inter Gaianas
custodias vidimus; alter in exsilium missus est, alter ut
meliore fide mitteretur optabat. In tanta rerum sursum ac
deorsum euntium versatione, si non quicquid fieri potest pro
futuro habes, das in te vires rebus adversis, quas infregit
quisquis prior vidit.

12 (1) Proximum ab his erit ne aut in supervacuis aut ex
supervacuo laboremus, id est ne quae aut non possumus
consequi concupiscamus aut adepti vanitatem cupiditatum

stand dem Wechsel unterliegt und daß alles, was über einen hereinbricht, auch über dich hereinbrechen kann. Du bist wohlhabend? Etwa reicher als Pompeius?[82] Als ihm Gaius aufgrund alter Verwandtschaft und neuerlicher Gastfreundschaft den Cäsarenpalast geöffnet hatte, um ihm sein eigenes Haus zu verschließen, hatte er weder Brot noch Wasser. Wenngleich auf seinem Besitz so viele Flüsse ihren Ursprung, so viele ihre Mündung hatten, lechzte er bettelnd nach wenigen Tropfen.[83] Durch Hunger und Durst verblich er im Palast des Verwandten, während sein Erbe dem Hungers Sterbenden ein öffentliches Begräbnis verfügte. (11) Die höchsten Ehrenämter hast du verwaltet. Etwa so einflußreiche, so unverhoffte oder so umfassende wie Sejan?[84] An dem Tag, an dem ihm der Senat das Ehrengeleit gegeben hatte, riß ihn das Volk in Stücke. Von ihm, auf den die Götter und Menschen alle möglichen Gunstbezeugungen gehäuft hatten, blieb kein Stück für den Haken des Henkers. (12) Ein König bist du. Ich will dich nicht auf Krösus verweisen,[85] der, wie ihm befohlen, seinen eigenen Scheiterhaufen bestieg und ihn verlöschen sah, dahingebracht, nicht nur seinen Scheiterhaufen, sondern auch seinen Tod zu überleben; nicht auf Jugurtha,[86] den das römische Volk innerhalb eines Jahres, in dem es vor ihm erbebte, als Schaustück hatte. Ptolemäus,[87] den König von Afrika, Mithridates, den von Armenien, sahen wir umgeben von Caligulas Schergen. Der eine wurde in die Verbannung geschickt, der andere wünschte mit geringerer Treulosigkeit dahin geschickt zu werden. In solcher Unstetigkeit emportragenden und zerstörerischen Geschehens gibst du, wenn du nicht alles, was möglich ist, als in der Zukunft liegend in Rechnung stellst, solchen Widrigkeiten Macht über dich, die doch jeder, der sich vorsieht, zunichte macht.

12 (1) Unsere nächste Aufgabe wird sodann sein, die Mühe nicht für unnütze Ziele[88] in unnützer Weise zu vergeuden, d. h. nicht auf Unerreichbares unser Streben zu richten oder erst im Erfolg die Bedeutungslosigkeit der erstrebten Gegen-

nostrarum sero post multum sudorem intellegamus, id est ne
aut labor irritus sit sine effectu aut effectus labore indignus.
Fere enim ex his tristitia sequitur, si aut non successit aut
successus pudet. (2) Circumcidenda concursatio, qualis est
magnae parti hominum domos et theatra et fora pererran-
tium: alienis se negotiis offerunt, semper aliquid agentibus
similes. Horum si aliquem exeuntem e domo interrogaveris:
»Quo tu? quid cogitas?« respondebit tibi: »Non mehercules
scio, sed aliquos videbo, aliquid agam.« (3) Sine proposito
vagantur, quaerentes negotia, nec quae destinaverunt agunt,
sed in quae incucurrerunt. Inconsultus illis vanusque cursus
est, qualis formicis per arbusta repentibus, quae in summum
cacumen et inde in imum inanes aguntur. His plerique
similem vitam agunt, quorum non immerito quis inquietam
inertiam dixerit. (4) Quorundam quasi ad incendium curren-
tium misereberis: usque eo impellunt obvios et se aliosque
praecipitant, cum interim cucurrerunt aut salutaturi aliquem
non resalutaturum aut funus ignoti hominis prosecuturi, aut
ad iudicium saepe litigantis, aut ad sponsalia saepe nubentis,
et lecticam assectati quibusdam locis etiam tulerunt. Dein,
domum cum supervacua redeuntes lassitudine, iurant nescire
se ipsos quare exierint, ubi fuerint, postero die erraturi per
eadem illa vestigia. (5) Omnis itaque labor aliquo referatur,
aliquo respiciat. Non industria inquietos, ut insanos falsae
rerum imagines agitant: nam ne illi quidem sine aliqua spe

stände zu spät nach vielem Schweiß einzusehen; d. h. es soll
unser Mühen nicht entweder in Erfolglosigkeit scheitern
oder der Erfolg dem Aufwand unangemessen sein. Denn die
Folge davon ist meist Enttäuschung, wenn Erfolg ganz
ausbleibt oder hinter den Erwartungen zurückbleibt. (2) Da
ist der Eilfertigkeit Einhalt zu gebieten, die einen großen
Teil der Menschen beherrscht, die in Häusern, Theatern und
Foren umherirren: dem Dienst für andere bieten sie sich an
wie Leute, die stets irgendwie tätig sind. Wenn du einen von
ihnen, so er sein Haus verläßt, fragst: »Wohin des Wegs?
Was hast du vor?«, dann wird er dir antworten: »Beim
Herkules – das weiß ich nicht, aber irgend jemanden werde
ich aufsuchen, irgend etwas unternehmen.« (3) Ziellos
schweifen sie umher auf der Suche nach einem Betätigungsfeld: nicht, was sie sich zum Ziel gesetzt haben, tun sie,
sondern, worauf sie gerade gestoßen sind. Unbedacht und
ziellos ist ihr Kommen und Gehen, wie das bei Ameisen der
Fall ist, wenn sie auf Ulmen klettern: geschäftig eilen sie
ganz auf den Wipfel und von da zur Wurzel herab – ohne
etwas auszurichten. Die meisten verbringen wie sie ein
geschäftiges Leben. Nicht zu Unrecht hält ihnen gar mancher ihre unnütze Unruhe vor. (4) Du wirst manchen bemit-
leiden, der dahineilt wie bei einem Stadtbrand. So kopflos
rennen sie Entgegenkommende über den Haufen und stür-
zen mit anderen zu Boden – und dabei eilten sie nur, jemand
zu begrüßen, der ihren Gruß nicht erwidern wird, die Bahre
eines Unbekannten zu geleiten, oder zum Prozeß eines, der
oft streitet, zur Verlobung eines andern, der oft heiratet, sie
folgten einer Sänfte und trugen da und dort auch mit.
Sodann, wenn sie wieder nach Hause kommen, erschöpft,
ohne sich nützlich gemacht zu haben, schwören sie, nicht zu
wissen, warum sie fortgegangen, wo sie gewesen sind, –
um tagsdarauf auf denselben Spuren wie gestern zu irren.
(5) Es soll also alles Mühen irgendein Ziel, irgendeine Blick-
richtung haben! Es sollen Trugbilder nicht in ihrer Rastlo-
sigkeit Ruhelose wie Wahnwitzige in Geschäftigkeit halten.

moventur; proritat illos alicuius rei species, cuius vanitatem
capta mens non coarguit. (6) Eodem modo unumquemque
ex his qui ad augendam turbam exeunt inanes et leves causae
per urbem circumducunt, nihilque habentem in quod labo-
ret lux orta expellit, et cum, multorum frustra liminibus
illisus, nomenclatores persalutavit, a multis exclusus, neminem ex omnibus difficilius domi quam se convenit. (7) Ex
hoc malo dependet illud taeterrimum vitium, auscultatio et
publicorum secretorumque inquisitio, et multarum rerum
scientia quae nec tuto narrantur nec tuto audiuntur.

13 (1) Hoc secutum puto Democritum ita coepisse: »Qui
tranquille volet vivere nec privatim agat multa nec publice«,
ad supervacua scilicet referentem: nam, si necessaria sunt, et
privatim et publice non tantum multa, sed innumerabilia
agenda sunt, ubi vero nullum officium sollemne nos citat,
inhibendae actiones. (2) Nam qui multa agit saepe fortunae
potestatem sui facit; quam tutissimum est raro experiri,
ceterum semper de illa cogitare et nihil sibi de fide eius
promittere: »Navigabo, nisi si quid inciderit« et: »Praetor
fiam, nisi si quid obstiterit« et: »Negotiatio mihi respondebit, nisi si quid intervenerit.« (3) Hoc est quare sapienti nihil
contra opinionem dicamus accidere: non illum casibus

Denn nicht einmal jene halten sich ohne irgendeinen Hoffnungsschimmer in Bewegung. Es lockt sie irgendein Scheinbild, dessen Trug ein verblendeter Verstand nicht entlarvt. (6) Ebenso führen einen jeden von denen, die, um die Menge zu vergrößern, aus dem Hause eilen, nichtige und bedeutungslose Vorhaben durch die Stadt, und wenngleich er kein Betätigungsfeld seiner Mühen kennt, treibt ihn doch die frühe Morgenstunde hinaus. Wenn er vergeblich an viele Schwellen gestoßen ist und den Nomenklatoren[89] seine Aufwartung gemacht hat, dann trifft er, von vielen abgewiesen, doch einen jeden von ihnen leichter zu Hause an als sich selbst. (7) Von diesem krankhaften Zustand hängt der bekannte Charakterfehler äußerster Abscheulichkeit ab: das Herumhorchen und Herumschnüffeln nach allgemein Zugänglichem und Verborgenem, das Wissenwollen um viele Gegenstände, die weder ohne Gefahr erzählt noch ohne Gefahr gehört werden.

13 (1) Diesen Gedanken, meine ich, hing Demokrit[90] nach und so begann er: »Wer ein ausgeglichenes Leben führen will, der nehme sich weder als Privatmann noch als Politiker viel vor.« Dabei hatte er natürlich unnütze Tätigkeit im Sinn; denn wenn es sich um notwendige handelt, dann gilt es, als Privatmann wie als Politiker nicht nur viele, sondern zahllose Geschäfte in Angriff zu nehmen. Wo dagegen eine der üblichen Verpflichtungen ruft, da muß man seine Tätigkeit einschränken. (2) Denn wer viel unternimmt, setzt sich oft dem Zugriff des Schicksals aus. Es selten auf die Probe zu stellen,[91] ist am sichersten, im übrigen immer mit ihm zu rechnen, und sich nichts von seiner Verläßlichkeit zu versprechen. »Ich werde eine Seereise unternehmen, wenn sich nicht ein Zufall dagegenstellt«, und: »Ich werde Prätor, wenn nicht ein Hindernis auftritt«, ferner: »Das Geschäft wird meinen Erwartungen entsprechen, wenn nichts dazwischenkommt.« (3) Das ist der Grund, weswegen wir behaupten, es treffe den Weisen kein Zufall wider Erwarten. Wir entziehen ihn nicht den Zufälligkeiten des Menschen-

hominum excerpimus, sed erroribus, nec illi omnia ut voluit cedunt, sed ut cogitavit. Imprimis autem cogitavit aliquid posse propositis suis resistere. Necesse est autem levius ad animum pervenire destitutae cupiditatis dolorem, cui successum non utique promiseris.

14 (1) Faciles etiam nos facere debemus, ne nimis destinatis rebus indulgeamus, transeamusque in ea in quae nos casus deduxerit, nec mutationem aut consilii aut status pertimescamus, dummodo nos levitas, inimicissimum quieti vitium, non excipiat. Nam et pertinacia necesse est anxia et misera sit, cui fortuna saepe aliquid extorquet, et levitas multo gravior, nusquam se continens. Utrumque infestum est tranquillitati, et nihil mutare posse et nihil pati. (2) Utique animus ab omnibus externis in se revocandus est: sibi confidat, se gaudeat, sua suspiciat, recedat quantum potest ab alienis, et se sibi applicet; damna non sentiat, etiam adversa benigne interpretetur. (3) Nuntiato naufragio, Zenon noster, cum omnia sua audiret submersa: »Iubet«, inquit, »me fortuna expeditius philosophari.« Minabatur Theodoro philosopho tyrannus mortem, et quidem insepultam: »Habes«, inquit, »cur tibi placeas, hemina sanguinis in tua potestate est; nam quod ad sepulturam pertinet, o te ineptum, si putas mea interesse supra terram an infra putrescam.« (4) Canus Iulius, vir imprimis magnus, cuius admirationi ne hoc quidem obstat

lebens, sondern seinen Irrungen. Es geht ihm nicht alles von der Hand, was er wollte, aber so, wie er es sich ausrechnete. Besonders aber rechnete er es sich aus, es könne seinem Vorhaben etwas in den Weg treten. Nun muß der Schmerz über eine nicht gestillte Sehnsucht weniger hart einen Geist treffen, dem du Gelingen nicht unbedingt versprochen hast.

14 (1) Auch wir müssen uns als anpassungsfähig erweisen, damit wir nicht allzu sklavisch einmal gefaßten Beschlüssen anhängen, und den Weg finden zur Bewältigung der Lage, in die uns der Zufall gebracht hat, ferner sollen wir nicht zurückschrecken vor Änderung einer Absicht oder eines Zustandes, freilich vorausgesetzt, daß nicht Leichtfertigkeit, der der Ausgeglichenheit am meisten feindliche Fehler, uns bestimmt. Denn Hartnäckigkeit, der das Schicksal oft etwas entwindet, muß oft mit bangem Sorgen und Unglück verbunden, und andererseits Leichtfertigkeit, die sich auf kein Ziel beschränkt, schwerere Belastung sein. Beide Fehler sind eine Bedrohung innerer Ausgeglichenheit: nichts verändern und nichts vertragen zu können. (2) Überhaupt muß man seinen Geist von allen Erscheinungen der Außenwelt zu sich zurückrufen: auf sich setze er sein Vertrauen, auf sich seine Freude, nur auf das ihm Eigene achte er, ziehe sich – so weit wie möglich – von dem zurück, was ihm fremd ist, und erhebe sich zum Herrn seiner selbst. Materielle Verluste nehme er gar nicht wahr, auch Widrigem gewinne er eine gute Seite ab! (3) Als unser Zenon nach der Meldung vom Schiffsbruch hörte, all seine Habe sei in der Tiefe versunken, sagte er: »Das Schicksal befiehlt mir, ungehinderter Philosophie zu betreiben.«[92] Es drohte dem Philosophen Theodorus[93] der Tyrann den Tod an, noch dazu ohne Bestattung. Der erwiderte: »Du kannst mit dir zufrieden sein; ein Becher Blut ist in deiner Gewalt. Denn was die Bestattung angeht – was bist du für ein Tor, wenn du glaubst, es mache mir etwas aus, ob ich über oder unter dem Erdboden verwese.« (4) Canus Julius, einer der größten Männer –

quod nostro saeculo natus est, cum Gaio diu altercatus,
postquam abeunti Phalaris ille dixit: »Ne forte inepta spe tibi
blandiaris, duci te iussi.« – »Gratias«, inquit, »ago, optime
princeps.« (5) Quid senserit dubito; multa enim mihi occur-
runt. Contumeliosus esse voluit et ostendere quanta crudeli-
tas esset, in qua mors beneficium erat? An exprobravit illi
cotidianam dementiam? Agebant enim gratias et quorum
liberi occisi et quorum bona ablata erant. An tamquam
libertatem libenter accepit? Quicquid est, magno animo
respondit. (6) Dicet aliquis: potuit post hoc iubere illum
Gaius vivere. Non timuit hoc Canus: nota erat Gaii in talibus
imperiis fides. Credisne illum decem medios usque ad suppli-
cium dies sine ulla sollicitudine exegisse? Verisimile non est
quae vir ille dixerit, quae fecerit, quam in tranquillo fuerit.
(7) Ludebat latrunculis. Cum centurio, agmen periturorum
trahens, illum quoque excitari iuberet, vocatus numeravit
calculos et sodali suo: »Vide«, inquit, »ne post mortem meam
mentiaris te vicisse.« Tum, annuens centurioni: »Testis«,
inquit, »eris uno me antecedere.« Lusisse tu Canum illa
tabula putas? Illusit. (8) Tristes erant amici, talem amissuri
virum: »Quid maesti«, inquit, »estis? Vos quaeritis an
immortales animae sint; ego iam sciam.« Nec desiit veritatem
in ipso fine scrutari et ex morte sua quaestionem habere.
(9) Prosequebatur illum philosophus suus, nec iam procul

seinen Ruhm beeinträchtigt nicht einmal dies, daß er in unserem Jahrhundert geboren wurde! – hatte ein langes Wortgefecht mit Caligula, und nachdem jener »Phalaris«[94] ihm beim Weggehen nachgerufen hatte: »Damit du dich nicht etwa in törichter Hoffnung wiegst: – ich habe deine Hinrichtung verfügt!«, erwiderte er ihm: »Ich danke dir, bester Princeps!« (5) Was er dabei dachte, weiß ich nicht; denn viele Möglichkeiten kommen mir in den Sinn. Wollte er damit schmähen und zeigen, wie maßlos eine Grausamkeit sein konnte, bei der der Tod eine Wohltat war? Oder rückte er ihm seinen zur Alltäglichkeit gewordenen Wahnwitz vor? Es dankten ihm ja diejenigen, deren Kinder ermordet und deren Besitz eingezogen worden war.[95] Oder nahm er den Tod als Ausweg in die Freiheit freudig an? Wie dem auch sei, er antwortete mit Großmut. (6) Es wird einer einwenden: »Nach diesem Vorfall hätte Caligula befehlen können, ihm das Leben zu lassen!« Diese Befürchtung hatte Canus nicht. Bekannt war des Caligula Verläßlichkeit bei solchen Befehlen. Glaubst du, Canus habe die zehn Tage bis zu seinem Tod ohne jede innere Unruhe hingebracht? Fast unglaublich sind seine Worte und Taten, der Zustand seiner Ausgeglichenheit! (7) Er spielte gerade Dame. Als der Centurio, eine Schar Totgeweihter hinter sich, ihm befahl, sich ebenfalls zu erheben, da zählte er auf dessen Ruf hin die Steine und sagte zu seinem Gegenspieler: »Sieh zu, daß du mir nicht nach meinem Tode die Wahrheit verdrehst, du habest gewonnen.« Dann gab er dem Centurio einen Wink und sagte: »Du wirst mein Zeuge sein, daß ich mit einem Stein im Vorteil bin.« Auf jenem Brett, meinst du, spielte Canus. Mit den Schergen trieb er sein Spiel.[96] (8) Bedrückt waren die Freunde, da sie einen solchen Mann verlieren sollten. Da fragte er sie: »Was seid ihr traurig? Ihr fragt doch, ob die Seelen unsterblich sind. Ich werde es bald wissen.« Und er ließ nicht einmal bei seinem Ende davon ab, die Wahrheit zu erforschen, und aus seinem eigenen Tode die Lösung der Frage zu finden.[97] (9) Es begleitete ihn sein

erat tumulus in quo Caesari, deo nostro, fiebat cotidianum
sacrum. Is: »Quid«, inquit, »Cane, nunc cogitas? aut quae
tibi mens est?« – »Observare«, inquit Canus, »proposui illo
velocissimo momento an sensurus sit animus exire se.«
Promisitque, si quid explorasset, circumiturum amicos et
indicaturum quis esset animarum status. (10) Ecce in media
tempestate tranquillitas, ecce animus aeternitate dignus, qui
fatum suum in argumentum veri vocat, qui, in ultimo illo
gradu positus, exeuntem animam percontatur, nec usque ad
mortem tantum, sed aliquid etiam ex ipsa morte discit: nemo
diutius philosophatus est. Non raptim relinquetur magnus
vir et cum cura dicendus: dabimus te in omnem memoriam,
clarissimum caput, Gaianae cladis magna portio!

15 (1) Sed nihil prodest privatae tristitiae causas abiecisse:
occupat enim nonnumquam odium generis humani, et
occurrit tot scelerum felicium turba. Cum cogitaveris quam
sit rara simplicitas et quam ignota innocentia et vix umquam,
nisi cum expedit, fides, et libidinis lucra damnaque pariter
invisa, et ambitio usque eo iam se suis non continens termi-
nis ut per turpitudinem splendeat, agitur animus in noctem
et, velut eversis virtutibus, quas nec sperare licet nec habere
prodest, tenebrae oboriuntur. (2) In hoc itaque flectendi
sumus, ut omnia vulgi vitia non invisa nobis, sed ridicula
videantur, et Democritum potius imitemur quam Heracli-
tum: hic enim, quotiens in publicum processerat, flebat, ille

Philosoph,[98] und nicht weit entfernt war der Hügel, bei dem Cäsar als unserem Gott[99] täglich Opfer gebracht werden. Der fragte: »Woran denkst du jetzt, Canus, oder was hast du im Sinne?« – Canus erwiderte: »Ich habe mir vorgenommen, zu beobachten, ob der Geist in jenem einzigen Augenblick bemerken wird, daß er den Körper verläßt.« Und er versprach, falls er etwas ergründete, in den Kreis seiner Freunde zurückzukehren und ihnen mitzuteilen, welches der Zustand der Seelen sei. (10) Siehe, mitten im Aufruhr die innere Ausgeglichenheit, siehe, ein Geist – würdig der Unvergänglichkeit! –, der die Erfüllung seines Schicksals zur Erforschung der Wahrheit nutzt, der, auf jene letzte Stufe seines Daseins gestellt, die scheidende Seele befragt, und nicht nur bis zum Tode, sondern auch aus dem Tode noch etwas lernt. Niemand hat länger Philosophie getrieben. Nicht eilig wird man den großen Mann, dessen man nur mit Verehrung gedenken kann, aus dem Blickfeld entlassen. Wir werden dich der ganzen Nachwelt überliefern, vornehmes Vorbild, dessen Tod ansehnlicher Anteil an Gaius’ Gewalttat war.

15 (1) Aber es nützt nichts, die Ursachen eigener Schwermut beseitigt zu haben. Es ergreift uns ja manchmal Menschenhaß, und es begegnet uns eine solche Fülle geglückter Verbrechen. Wenn du bedenkst, wie selten Aufrichtigkeit, wie unbekannt Uneigennützigkeit ist, und daß Ehrlichkeit fast nur dann, wenn sie nützt, begegnet, daß Vorteil und Schaden der Zügellosigkeit unterschiedslos verhaßt sind, Ehrgeiz sich bereits so wenig in den ihm zukommenden Grenzen hält, daß er durch seine Schande zu glänzen sucht –, dann fühlt sich der Geist in die Nacht gestoßen, und es breitet sich über ihn Finsternis aus, so als wären die Tugenden ausgerottet, die man weder erhoffen darf noch mit Gewinn besitzt. (2) In diesem Punkte müssen wir deshalb uns wandeln, daß uns all die Fehler des Volkes nicht verhaßt, sondern lächerlich erscheinen, und wir wollen uns lieber an Demokrit als an Heraklit[100] halten. Dieser nämlich weinte, sooft er an die

ridebat; huic omnia quae agimus miseriae, illi ineptiae videbantur. Elevanda ergo omnia et facili animo ferenda: huma-
nius est deridere vitam quam deplorare. (3) Adice quod de
humano quoque genere melius meretur qui ridet illud quam
qui luget: ille et spei bonae aliquid relinquit, hic autem stulte
deflet quae corrigi posse desperat; et universa contemplanti
maioris animi est qui risum non tenet quam qui lacrimas,
quando levissimum affectum animi movet et nihil magnum,
nihil severum, ne miserum quidem ex tanto paratu putat.
(4) Singula propter quae laeti ac tristes sumus sibi quisque proponat, et sciet verum esse quod Bion dixit, omnia
hominum negotia simillima initiis esse nec vitam illorum
magis sanctam aut severam esse quam conceptum. (5) Sed
satius est publicos mores et humana vitia placide accipere,
nec in risum nec in lacrimas excidentem; nam alienis malis
torqueri aeterna miseria est, alienis delectari malis voluptas
inhumana. (6) Sicut est illa inutilis humanitas, flere, quia
aliquis filium efferat, et frontem suam fingere, in suis quoque malis ita gerere se oportet, ut dolori tantum des quantum natura poscit, non quantum consuetudo. Plerique enim
lacrimas fundunt ut ostendant, et totiens siccos oculos
habent quotiens spectator defuit, turpe iudicantes non flere
cum omnes faciant: adeo penitus hoc se malum fixit, ex
aliena opinione pendere, ut in simulationem etiam res sim-
plicissima, dolor, veniat.

Öffentlichkeit trat, jener lachte. Diesem schien all unser Tun Erbärmlichkeit, jenem Torheit zu sein. Von der leichten Seite müssen wir also alles nehmen und es mit Anpassungsfähigkeit ertragen. Menschlicher ist es zu lachen über das Leben als zu jammern. (3) Bedenke ferner: auch um die Menschheit macht sich der mehr verdient, der über sie lacht, als der sie beklagt: jener läßt einen Funken glücklichen Hoffens zurück, dieser beweint töricht, was bessern zu können er keine Hoffnung hat. Mehr Seelengröße beweist, wer über der Betrachtung des Alls nicht sein Lachen, als der, der nicht seine Tränen unterdrückt, da er ja einer ganz unbedeutenden Gemütsverfassung freien Lauf läßt und so nichts für bedeutungsvoll, ernstzunehmen, ja nicht einmal für beklagenswert von einem so gewaltigen Schauspiel ansieht. (4) Die einzelnen Gründe, um deretwegen wir froh oder bedrückt gestimmt sind, sollte ein jeder sich vergegenwärtigen. Dann wird er wissen, daß das Wort des Bion[101] wahr ist, alle Tätigkeit der Menschen sei ganz und gar Entwürfen ähnlich und ihr Leben nicht erhabener und nicht ernsthafter als sein Beginn.[102] (5) Aber besser ist es, die Wertvorstellungen des Volkes und die Fehler der Menschen gelassen hinzunehmen, ohne in Gelächter oder Tränen auszubrechen; denn mit den Gebrechen anderer sich abzuquälen bedeutet Freudlosigkeit für immer, am Leiden anderer Freude zu haben Vergnügen ohne Menschlichkeit. (6) Ebenso wie es nutzlose Menschenfreundlichkeit ist zu weinen, weil einer seinen Sohn zu Grabe trägt, und verfinsterte Miene zu mimen. Auch im eigenen Unglück gilt es, sich so zu benehmen, daß du dem Schmerz nur soviel zugestehst, wie die Natur[103] fordert, nicht die Gewohnheit. Denn die meisten vergießen Tränen, um sich zur Schau zu stellen, und tränenlos haben sie die Augen jedesmal, wenn kein Zuschauer da ist, weil sie es für eine Schande halten, nicht zu weinen, wenn alle es tun. So tief hat sich dieses Übel eingenistet, von der Meinung anderer abzuhängen, daß sogar der Schmerz, ganz spontanes Empfinden, zur Schauspielerei wird.

16 (1) Sequetur pars quae solet non immerito contristare et in sollicitudinem adducere. Ubi bonorum exitus mali sunt, ubi Socrates cogitur in carcere mori, Rutilius in exsilio vivere, Pompeius et Cicero clientibus suis praebere cervicem, Cato ille, virtutum viva imago, incumbens gladio, simul de se ac de re publica palam facere, necesse est torqueri tam iniqua praemia fortunam persolvere. Et quid sibi quisque tunc speret, cum videat pessima optimos pati?

(2) Quid ergo est? Vide quomodo quisque illorum tulerit et, si fortes fuerunt, ipsorum illos animo desidera, si muliebriter et ignave perierunt, nihil periit. Aut digni sunt quorum virtus tibi placeat, aut indigni quorum desideretur ignavia. Quid enim est turpius quam si maximi viri timidos fortiter moriendo faciunt? (3) Laudemus totiens dignum laudibus et dicamus: »Tanto fortior! tanto felicior! Omnes effugisti casus, livorem, morbum; existi ex custodia; non tu dignus mala fortuna diis visus es, sed indignus in quem iam aliquid fortuna posset.« Subducentibus vero se et in ipsa morte ad vitam respectantibus manus iniciendae sunt. (4) Neminem flebo laetum, neminem flentem: ille lacrimas meas ipse abstersit, hic suis lacrimis effecit ne ullis dignus sit. Ego Herculem fleam quod vivus uritur, aut Regulum quod tot clavis configitur, aut Catonem quod vulnera iterat sua? Omnes isti levi temporis impensa invenerunt quo-

16 (1) Folgen soll ein Abschnitt, der nicht zu Unrecht in bedrückte Stimmung versetzt und beunruhigt. Wenn gutgesinnte Leute ein böses Ende finden, wenn Sokrates[104] gezwungen wird, im Kerker zu sterben, Rutilius in Verbannung zu leben, Pompeius und Cicero ihren Nacken dem Hieb der Klienten zu bieten, und jener Cato[105], das lebensnahe Idealbild der Tugenden, indem er sich ins Schwert stürzt, zugleich sein und des Gemeinwesens Unheil deutlich macht, dann muß man leidvoll feststellen: so ungerecht verteilt das Geschick seinen Lohn! Und was mag ein jeder für sich erhoffen, wenn er sieht, wie die Besten das schlimmste Schicksal erleiden?

(2) Wie also? Sieh zu, wie ein jeder von ihnen sein Schicksal ertrug: wenn sie heldenmütig waren, dann beklage ihren Verlust mit der ihnen gemäßen Haltung; wenn sie wie feige Memmen zugrunde gingen, dann ist nichts verloren gegangen. Entweder sind sie würdig, daß man sie ob ihrer Tugend bewundert, oder unwürdig, daß man sie beklagt ob ihrer Feigheit. Denn was ist schändlicher, als wenn große Männer andere angstvoll stimmen durch ihren tapferen Tod?

(3) Wir wollen rühmen den so vielfachen Rühmens Würdigen und verkünden: »Um so viel tapferer, um so viel glücklicher!«[106] Allen »Zu-Fällen« bist du entgangen: dem Neid, der Krankheit. Dem Gefängnis bist du entronnen. Den Göttern schienst du nicht würdig eines schlimmen Geschickkes, sondern unwürdig, daß das Schicksal noch Macht über dich hätte. Gegen diejenigen aber, die sich davonstehlen, die an der Schwelle des Todes noch den Blick auf das Leben zurückwerfen, gilt es Gewalt anzuwenden.[107]

(4) Keinen will ich beweinen, der frohgestimmt ist, keinen, der weint. Jener wischte selber mir die Tränen fort, jener erreichte, daß er der Tränen um ihn nicht würdig war. Ich soll weinen um Herkules, weil er lebend verbrannt, um Regulus, weil er von so vielen Nägeln durchbohrt wird, oder um Cato, weil er sich zu alten Wunden neue schlägt? Sie alle kommen unter geringem Aufwand an Zeit dahin, unver-

modo aeterni fierent, et ad immortalitatem moriendo vene-
runt.

17 (1) Est et illa sollicitudinum non mediocris materia, si te
anxie componas nec ullis simpliciter ostendas, qualis multorum vita est, ficta, ostentationi parata: torquet enim assidua observatio sui et deprehendi aliter ac solet metuit. Nec
umquam cura solvimur, ubi totiens nos aestimari putamus
quotiens aspici. Nam et multa incidunt quae invitos denu-
dent, et, ut bene cedat tanta sui diligentia, non tamen
iucunda vita aut secura est semper sub persona viventium.
(2) At illa quantum habet voluptatis sincera et per se inornata
simplicitas, nihil obtendens moribus suis! Subit tamen et
haec vita contemptus periculum, si omnia omnibus patent:
sunt enim qui fastidiant quicquid propius adierunt. Sed nec
virtuti periculum est ne admota oculis revilescat, et satius est
simplicitate contemni quam perpetua simulatione torqueri.
Modum tamen rei adhibeamus: multum interest, simpliciter
vivas an neglegenter.
(3) Multum et in se recedendum est: conversatio enim
dissimilium bene composita disturbat et renovat affectus et
quicquid imbecillum in animo nec percuratum est exulcerat.
Miscenda tamen ista et alternanda sunt, solitudo et frequen-
tia. Illa nobis faciet hominum desiderium, haec nostri, et erit

gänglich zu werden, und zur Unsterblichkeit gelangten sie
durch ihr Sterben.

17 (1) Es ist auch dies eine nicht leichtzunehmende Ursache
von Bekümmernissen, wenn du dir ängstlich eine Rolle
aufzwingst und dich niemandem einfach so, wie du bist,
zeigst – ein Lebensstil der Unaufrichtigkeit und der Schauspielerei, wie ihn viele pflegen. Zur Qual wird nämlich
ständige Selbstbeobachtung: da fürchtet einer bei einem
anderen als seinem gewöhnlichen Gebaren ertappt zu werden. Wir werden die Sorge nie los, wenn wir uns so oft
beurteilt wie beobachtet fühlen. Es treffen ja viele Vorfälle
ein, die uns gegen unseren Willen bloßstellen, und mag auch
so unermüdliche Selbstkontrolle erfolgreich sein, so ist das
Leben von Leuten, die stets unter einer Maske leben, doch
nicht sorglos und nicht angenehm. (2) Wie viel Vergnügen
bereitet dagegen jene ungeschminkte und schmucklose
Schlichtheit, die durch nichts ihren Charakter bemäntelt.
Aber auch dieses Leben setzt sich der Gefahr der Herabwürdigung aus, wenn alles sich aller Anblick darbietet. Manche
Leute haben ja an allem aus ihrer näheren Umgebung her-
umzunörgeln. Aber es besteht für die Tugend nicht die
Gefahr, daß sie bei naher Betrachtung in geringem Wert
erscheint, und es ist besser, aufgrund schlichter Lebensein-
stellung herabgesetzt als wegen dauernder Verstellungskunst
gequält zu werden. Indessen wollen wir bei der Sache Maß
walten lassen: groß ist der Unterschied, ob du in Schlichtheit
oder Gleichgültigkeit lebst.

(3) Oft muß man wieder zu sich selber zurückfinden. Das
Gespräch nämlich mit andersgearteten Menschen verwirrt
das innere Gleichgewicht, ruft Leidenschaften wieder wach
und reißt alle Schwächen unseres Geistes und nicht ausge-
heilte Wunden wieder auf. Dennoch muß man diese Verhal-
tensweisen verbinden und miteinander abwechseln lassen:
Einsamkeit und Geselligkeit. Jene wird in uns die Sehnsucht
nach Menschen wecken, diese nach uns selbst, und es wird
die eine das Heilmittel für die andere sein: die Einsamkeit

altera alterius remedium: odium turbae sanabit solitudo, taedium solitudinis turba.

(4) Nec in eadem intentione aequaliter retinenda mens est, sed ad iocos devocanda. Cum puerulis Socrates ludere non erubescebat, et Cato vino laxabat animum curis publicis fatigatum, et Scipio triumphale illud ac militare corpus movebat ad numeros, non molliter se infringens, ut nunc mos est etiam incessu ipso ultra muliebrem mollitiam fluentibus, sed ut antiqui illi viri solebant inter lusum ac festa tempora virilem in modum tripudiare, non facturi detrimentum etiam si ab hostibus suis spectarentur. (5) Danda est animis remissio: meliores acrioresque requieti surgent. Ut fertilibus agris non est imperandum (cito enim illos exhauriet numquam intermissa fecunditas), ita animorum impetus assiduus labor franget; vires recipient paulum resoluti et remissi. Nascitur ex assiduitate laborum animorum hebetatio quaedam et languor. (6) Nec ad hoc tanta hominum cupiditas tenderet, nisi naturalem quandam voluptatem haberet lusus iocusque. Quorum frequens usus omne animis pondus omnemque vim eripiet: nam et somnus refectioni necessarius est, hunc tamen si per diem noctemque continues, mors erit. Multum interest, remittas aliquid an solvas. (7) Legum conditores festos instituerunt dies ut ad hilaritatem homines publice cogerentur, tamquam necessarium laboribus interponentes temperamentum, et magni iudicii viri quidam sibi menstruas certis diebus ferias dabant, qui-

heilt die Ablehnung der Menge, die Menge den Überdruß an Einsamkeit.

(4) Auch soll man nicht den Geist in derselben Anspannung ohne Abwechslung halten, sondern ihn zu Scherz ablenken. Mit ganz jungen Leuten Unfug zu treiben schämte Sokrates sich nicht, Cato entspannte seinen von Sorgen um den Staat ermatteten Geist bei Wein, Scipio[108], eine als Triumphator und als Feldherr gefeierte Gestalt, bewegte sich im Takt, nicht in verweichlichten Bewegungen,[109] wie es heutzutage Brauch ist, wo man sich sogar beim einfachen Gehen über weibliche Verweichlichung hinaus in den Hüften wiegt, sondern wie jene Männer der alten Zeit zwischen Spiel und Festtagen nach Männerart Waffentänze aufzuführen pflegten, ohne daß sie ihrem Ruf schadeten, auch wenn ein Feind sie gesehen hätte. (5) Man muß dem Geist Entspannung zugestehen. Mit frischer Kraft und Elan wird er sich erheben nach der Erholung. Wie man fruchtbare Felder nicht ausbeuten darf – rasch nämlich wird sie ununterbrochene Fruchtbarkeit erschöpfen –, ebenso wird dauernde Mühsal den Schwung des Geistes brechen. Ein wenig entlastet und entspannt wird der Geist seine Kraft erneuern. Es stellt sich auf unablässige Mühsale gleichsam Lähmung und Abstumpfung des Geistes ein. (6) Und es strebte doch nicht ein so leidenschaftliches Begehren der Menschen danach, besäßen nicht Schmerz und Spiel eine ganz natürliche Anziehungskraft. Eine zu häufige Beschäftigung mit ihnen wird freilich dem Geist alles Durchsetzungsvermögen und alle Kraft nehmen. Denn es ist zwar auch der Schlaf für Erholung notwendig, wenn du ihn aber über Tag und Nacht ausdehnen wolltest, dann wird das den Tod bedeuten. Groß ist der Unterschied zwischen Auflösung und Auflockerung. (7) Die Gesetzesstifter haben Tage eingerichtet für Feste, damit die Menschen von Staats wegen zur Heiterkeit angehalten werden, mit dem Ziel, der Arbeit ein notwendiges Maß aufzuerlegen. Sogar einige Männer großer Klugheit gönnten sich in jedem Monat an bestimmten Tagen Ferien, einige teilten

dam nullum non diem inter otium et curas dividebant.
Qualem Pollionem Asinium oratorem magnum meminimus,
quem nulla res ultra decumam detinuit: ne epistulas quidem
post eam horam legebat, ne quid novae curae nasceretur, sed
totius diei lassitudinem duabus illis horis ponebat. Quidam
medio die interiunxerunt et in postmeridianas horas aliquid
levioris operae distulerunt. Maiores quoque nostri novam
relationem post horam decumam in senatu fieri vetabant.
Miles vigilias dividit, et nox immunis est ab expeditione
redeuntium.

(8) Indulgendum est animo dandumque subinde otium,
quod alimenti ac virium loco sit. Et in ambulationibus
apertis vagandum, ut caelo libero et multo spiritu augeat
attollatque se animus; aliquando vectatio iterque et mutata
regio vigorem dabunt, convictusque et liberalior potio.
Nonnumquam et usque ad ebrietatem veniendum, non ut
mergat nos, sed ut deprimat: eluit enim curas et ab imo
animum movet et, ut morbis quibusdam, ita tristitiae mede-
tur, Liberque non ob licentiam linguae dictus est inventor
vini, sed quia liberat servitio curarum animum et asserit
vegetatque et audaciorem in omnes conatus facit. (9) Sed, ut
libertatis, ita vini salubris moderatio est. Solonem Arcesi-
lanque indulsisse vino credunt; Catoni ebrietas obiecta est:
facilius efficient crimen honestum quam turpem Catonem.
Sed nec saepe faciendum est, ne animus malam consuetudi-

jeden Tag ein zwischen Muße und Verpflichtungen. So erinnern wir uns an den großen Redner Asinius Pollio[110], den keine Aufgabe über die zehnte Stunde hinaus in Anspruch nahm. Nicht einmal Briefe las er nach dieser Stunde, damit nicht eine neue Verpflichtung entstünde; nein, die Erschöpfung des ganzen Tages legte er in jenen zwei Stunden ab. Manche gönnten sich um die Mittagszeit eine Pause und sahen für die Nachmittagsstunden irgendwelche leichtere Mühe vor. Auch unsere Vorfahren verboten die Eröffnung einer neuen Debatte im Senat nach der zehnten Stunde. Der Soldat teilt die Wachen ein, und die Nachtwache ist nicht verpflichtend für diejenigen, die von einem Gefecht zurückkehren.

(8) Man muß dem Geist Erholung einräumen und ihm immer wieder Muße gönnen, die ihm zur Nahrung und Kräftigung dient. Auch soll man sich auf ungedeckten Promenaden ergehen, damit der Geist unter freiem Firmament und an frischer Luft sich belebe und erhebe. Gelegentlich werden ein Ausritt, eine Reise und ein Aufenthalt in einer anderen Gegend neue Kraft geben, geselliges Zusammensein und ein recht ungezwungener Umtrunk. Manchmal soll man's auch fast bis zu einem Rausch kommen lassen, aber nicht so, daß er uns ertränke, sondern nur eintauche.[111] Der Wein spült ja Sorgen fort, und er lockert den Geist gründlich auf: wie manche Krankheiten, heilt er den Trübsinn, und so ist der »Befreiende« (Liber) nicht wegen der Zügellosigkeit der Zunge der Erfinder des Weines genannt worden, sondern weil er den Geist befreit von der Knechtschaft der Sorgen, vor Unfreiheit schützt, Lebenskraft gibt und größeren Mut zu allen Unternehmungen verleiht. (9) Aber wie bei der Freiheit so ist beim Wein das rechte Maß gesund. Solon und Arkesilaos[112] haben sich, so glaubt man, dem Wein ergeben. Einem Cato warf man Trunksucht vor. Leichter wird man den Vorwurf in Ehren setzen als Cato in Schande. Aber man soll es auch nicht oft so halten, auf daß nicht der Geist eine üble Gewohnheit sich zulege, und doch gelegent-

nem ducat, et aliquando tamen in exsultationem libertatemque extrahendus tristisque sobrietas removenda paulisper. (10) Nam, sive Graeco poetae credimus, »aliquando et insanire iucundum est«; sive Platoni, »frustra poeticas fores compos sui pepulit«; sive Aristoteli, »nullum magnum ingenium sine mixtura dementiae fuit«. (11) Non potest grande aliquid et super ceteros loqui nisi mota mens. Cum vulgaria et solita contempsit instinctuque sacro surrexit excelsior, tunc demum aliquid cecinit grandius ore mortali. Non potest sublime quicquam et in arduo positum contingere, quamdiu apud se est: desciscat oportet a solito et efferatur et mordeat frenos et rectorem rapiat suum, eoque ferat quo per se timuisset escendere.

(12) Habes, Serene carissime, quae possint tranquillitatem tueri, quae restituere, quae subrepentibus vitiis resistant. Illud tamen scito, nihil horum satis esse validum rem imbecillam servantibus, nisi intenta et assidua cura circumit animum labentem.

lich ausgelassener, ungezwungener Fröhlichkeit ihren Lauf lassen und ein paar Augenblicke verdrießlicher Nüchternheit die Tür weisen. (10) Denn ob wir nun einem griechischen Dichter glauben; »dann und wann sei es auch willkommen, den Kopf zu verlieren«, oder Platon, »vergeblich klopft an die Tore der Dichtkunst, wer in sich ruhe«, oder Aristoteles: »Kein großes Genie gab es ohne einen Anflug von Wahn.«[113] (11) Nur der Schwung des Genies kann etwas Großes, die anderen Übersteigendes äußern. Wenn er Alltägliches und Gewöhnliches gering geachtet und in heiliger Begeisterung sich höher erhoben hat, dann erst kündet er Größeres als eines Sterblichen Mund. Nichts Erhabenes, dem Gewöhnlichen Entrücktes kann ihm glücken, solange er in seinen Schranken verbleibt. Lossagen soll er sich von Alltäglichem, sich emportragen lassen, seine Zügel durchbeißen, seinen Reiter emporreißen und dahin tragen, wohin aufzusteigen er sich selber nicht zugetraut hatte.

(12) Da hast du, liebster Serenus,[114] was Ausgeglichenheit zu wahren, was sie wiederherzustellen vermag, was den sich einschleichenden Charakterfehlern widersteht. Das aber sollst du wissen, daß nichts von alledem stark genug ist, einen schwächlichen Zustand zu erhalten, außer wenn angestrengtes und unablässiges Sorgen einen unsicheren Geist umhegt.

Anmerkungen

Der Text der vorliegenden Ausgabe folgt weitgehend der Edition von René Waltz: De tranquillitate animi. In: Sénèque: Dialogues. Tome 4. Troisième édition revue et corrigée. Paris 1950. S. 63–112.

1 Als einziger der Dialoge beginnt dieser mit einem Bericht des Patienten über seinen Seelenzustand. Die weiteren Darlegungen geben sich als eine seelenärztliche Diagnose (besonders 2,1 f.). Die Gewissensprüfung (συνείδησις, *conscientia*, dazu W. Schmid, »*Contritio* und *ultima linea* in neuen epikureischen Texten«, in: Rheinisches Museum 100, 1957, S. 308 f.; Sen. ep. 97,15 – Usener frg. 531) spielte bei Epikur eine wichtige Rolle. In der Stoa hat ihr Epiktet Bedeutung beigemessen (diatr. 3,10,3; 3,13,8; 4,6,33; vgl. dazu Hadot, S. 69). Man versuchte die stoische *conscientia*-Lehre von Epikur abzuleiten. (F. Zucker, Συνείδησις – conscientia«, Jenaer Rektoratsrede 1928. Zurückweisung bei Pohlenz II, S. 158 und III, S. 466, ferner *Der hellenistische Mensch*, S. 344). Wenn Sextius (vgl. Sen. de ira 3,36,1 ff.) auf sie Wert legt, so greift er wohl auf die Pythagoreer zurück (Porph. Vita Pythag. 40). Übrigens wird dieser altpythagoreische Brauch aufgrund von Cic. Cato 38 – kaum zu Recht – als Gedächtnisübung gedeutet (vgl. Näheres bei Hadot, S. 70 ff.). Es war Gewissensprüfung, verbunden mit Überprüfung bei sittlicher Gesamthaltung, gemeint (vgl. Pohlenz I, S. 317, und II, S. 158). – Zur schwankenden Haltung des Serenus vgl. Grimal I, S. 204; const. sap. 1,2; 15,4 (wo Stoa und Epikur einander gegenübergestellt sind); 16,4 (in paränetischen Ton; vgl. Abel, S. 126; Sen. beat. v. 19,2 f.).

2 Die Metapher aus dem Militärwesen liebt Seneca sehr, besonders in Zusammenhang mit der *fortuna* nach dem Vorgang früherer Stoiker (Teles, 53,6 Hense; Poseidonios, F 105 Edelstein-Kidd; Sen. ep. 113,28; ad Marc. 9,3; vgl. tranqu. an. 4,2; 11,8; ep. 73,9.15; 74,19. 21; 82,5). Ähnlich ist die Metapher von der Herrschaft der Vernunft (*imperium*) über die Sinnlichkeit. Sie ist platonischen Ursprungs; vgl. Cic. rep. 3,37 (auch 1,60) und Plat. rep. 439d; 441d–e. Sextius maior verwendete sie mit Vorliebe. Sie diente zur rhetorischen *amplificatio* (vgl. Quint. inst. 8,3,86 ff.; Abel, S. 133 ff.)

3 Zu beachten ist die Mehrdeutigkeit von *securus*; es handelt sich

um den philosophischen Terminus der *securitas* im Sinne von a) εὐθυμία (Demokrit) bei Cic. fin. 5,23; b) ἀπάθεια (Stoiker); c) ἡδονή (Epikur). – Dabei ist die ἀπάθεια der εὐθυμία nahe, sie geht aber weiter, von der ἀθαυμαστία (*nil admirari*; Hor. ep. 1,6,1 f.; Diog. Laert. 7,123; Sen. ep. 8,5) zur völligen Indolenz (Cic. Tusc. 5,42). In ep. 9,3 grenzt Seneca die ἀπάθεια vom Ideal der Megariker ab (»Unser Weiser überwindet zwar alles Widerwärtige, aber er empfindet es. Ihr Weiser empfindet es nicht einmal«). *Securitas* war zudem ein politisches Schlagwort (vgl. Tac. Agr. 3,1 und dazu R. Ogilvies Kommentar, Oxford 1967, S. 187; ferner Plin. ep. 10,58,7).

4 Übersetzung von διάθεσις; vgl. dazu Hadot, S. 102–105; bes. Anm. 1 zu S. 103 für die ungenügende Unterscheidung zwischen διάθεσις und ἕξις in der Stoa; ferner ebd., S. 143, 145 (und dazu Anm. 6); Grimal I, S. 164, 265, 278. Jede Tugend ist nicht nur ein Wissen, sondern auch gesamtseelische Haltung (*habitus animi*); vgl. dazu Sen. brev. v. 9,3; SVF 3,104. 293; Sen. ep. 94,60; ferner Cic. fin. 3,38; 4,37; acad. 1,38; Stob. eth. 98,60; Diog. Laert. 7,89. – Die Terminologie ist schon vorstoisch (Arist. Metaphys. 4,19–20).

5 Mit diesen Worten umschreibt Serenus seinen unsicheren Zustand, der der Weisheit zwar ähnlich, aber nicht gleich ist. Er ist also ein *proficiens* (προκόπτων, ein auf die Weisheit Zugehender), nicht ein σοφός in streng stoischem Sinn (vgl. Cic. fin. 3,48; 4,63 f.; Plut, repugn. Stoic. 1063 a). Die *saptientia* führt durch Verbindung von Wollen und Wissen zu einer Einheit in dauerhaftem richtigen Handeln. Voraussetzung dazu ist, daß die Kraft des Logos ungeschwächt (*sanus, validus*) ist. Denn dann erkennt man das Rechte und Gute und handelt danach. Die Weisheit hat nicht ein auf Scheinwahrheiten beruhendes Wissen, sondern ein echtes (vgl. ep. 66,6 und Anm. 60).

6 Dies sind dem Stoiker unwesentliche Dinge (*indifferentia, res humanae, res externae*; ἀδιάφορα). Abhängigkeit von ihnen macht innere Freiheit unmöglich, vgl. dazu Anm. 43.

7 Die Römer plätteten aufwendige Kleidung mit einem *prelum* (Rolle). Ironisch charakterisiert es Seneca als ein Folterwerkzeug (vgl. Waltz, Anm. 1 zur Stelle).

8 Die luxuriösen Einrichtungen römischer Häuser wurden oft angeprangert (vgl. Hor. carm. 2,18,15 f.; 3,1,33 ff.; Prop. 3,2,11 ff.) Die hier vorgetragene Ablehnung des Besitzes verrät kynischen Ton (vgl. Sen. ad Helv. 12,1 ff.).

9 Der stoische Weise zeichnet sich durch Festigkeit (Unerschütterlichkeit) aus. Diese folgt aus der Erhabenheit über die *indifferentia* (Anm. 6) und bringt ihm innere Freiheit. Diese zeigt sich auch in Seelenruhe.

10 Rutenbündel sind die Zeichen der Amtsgewalt der Liktoren.

11 Der Dienst für den Mitmenschen ist nach stoischer Ethik Hauptpflicht; dies wird hier besonders in Kap. 4 deutlich, wo Athenodorus bekämpft wird. Aufgrund dieser Stellen hat man (Grimal I, S. 93, 200 ff.) geschlossen, der Dialog sei nach Senecas Rückzug aus der Politik entstanden. – Über die Ironie der Stelle vgl. Grimal I, S. 205.

12 Zenon (335–262) aus Kition ist Gründer der Stoa, Kleanthes (331–251) folgte ihm in der Schulleitung; Chrysippus (276–204) bestimmte ihre Lehre wesentlich.

13 Diesen Rat gibt Epikur (Sent. select. XIV; Lucr. 5,1127 f.; Hor. ep. 1,18,112; Cic. de or. 3,63 f.; Sen. Thyest. 393–402; Plut. Mor. 465 f.: Εἰ καλῶς εἴρηται τὸ Λάθε βιώσας.)

14 Zu dieser Frage vgl. Mac L. Currie, in: Maurach I, S. 206. Es liegt wohl eine Anspielung auf Verg. Aen. 6,50 vor.

15 Zur Bedeutung der *exempla* vgl. Anm. 43 und 104.

16 Gemeint ist die Bestattung ohne Feierlichkeit und öffentliche Klagen. Es war üblich, die Toten je nach Bedeutung und Vermögen ihrer Familie durch aufwendige Bestattung zu ehren. Gesetzliche Verbote gegen diesbezügliche Maßlosigkeit gerieten rasch in Vergessenheit (vgl. Marquardt, S. 340 ff.).

17 Seneca propagiert hier einen schlichten Stil. Tacitus dagegen (ann. 13,11) rügte Senecas theatralische Schreibweise. Übrigens sah Seneca sein stilistisches Vorbild in Papirius Fabianus (35 v. – 35 n. Chr.); vgl. ep. 40,12; 100,1 f. Seneca betont, es komme ihm nicht auf Wirkung an (ep. 40,4; 75,4).

18 Irren (*error*) ist Gegensatz zum Wissen (*scientia*) als philosophischer Begriff. Vgl. die instruktive Stelle Cic. fin. 1,43–46; Anm. 60.

19 Zur ὁμοίωσις θεῷ als Ziel des Philosophierens vgl. ep. 4,11; 73,13 (jeweils mit Zitat aus Verg. Aen. 9,641); 53,11; const. sap. 4,1 f. Der Gedanke ist stoisch (Cic. nat. deor. 2,153; rep. 6,26) und geht auf Plat. Theaet. 176 b–c und Pythagoras (ἕπου θεῷ) zurück. – Zur *tranquillitas* als Vorbereitung für Gottesnähe vgl. ep., 92,3; tranq. an. 8,5 und Grimal I., S. 280–283, ferner Mühl, S. 84, Anm. 14.

20 Zur »Unterschütterlichkeit« vgl. u. a. Cic. Cato m. 74; Verg. Aen. 5,585–594.

21 Zum Übersetzungsproblem vgl. ep. 58 (besonders zu den philosophischen Termini), Grimal I, S. 302; Cic. fin. 3,3 ff.

22 Seneca führt die *tranquillitas* als Metapher aus und umschreibt im folgenden (*placido ... deprimens*) die εὐπάθεια (geordnete Seelenbewegung); vgl. Cic. Tusc. 4,15 ff. Übrigens hält sich Seneca nicht an Ciceros Terminologie der *laetitia*, der sie von *gaudium* (ἄλογος ... εὔλογος ἔπαρσις) unterscheidet (vgl. Diog. Laert. 7,116).

23 Selbsterkenntnis (vgl. Anm. 1) und Selbstprüfung haben für Seneca besonderes Gewicht (Einfluß des Sextius, vgl. Pohlenz I, S. 318). Vgl. Nachwort.

24 Wie in 1,16 f. strebt Seneca von Erkenntnis der Einzeldinge zur Zusammenschau. *Sibi displicere* (οὐκ αὐτάρκη εἶναι).

25 Hier scheint der – ehemalige – Epikureismus des Serenus angesprochen zu sein. Epikur riet von der politischen Tätigkeit ab, gestattete sie aber dem, der ohne sie unglücklich war. Vgl. Plut. tranqu. an. 465 f.

26 Gerade der Rückzug auf sich selbst wäre Aufgabe des Philosophen; vgl. Cic. Tusc. 1,38. 72. 75; div. 1,63; Plat. Theaet. 176 b–f.

27 Der umschriebene Bereich umfaßt wohl die *contritio* (συντριβή) wie die *aegritudo crucians*. Zur unorthodoxen Wiedergabe stoischer Termini vgl. Abel, S. 101.

28 Vgl. ep. 51,10.

29 Vgl. 2,6; die Formulierung geht nach Grimal I, S. 334, Anm. 51, auf Demokrit B 290 (unbezwingbarer Kummer) zurück. Die Stoa hat den Begriff ›seelischer Lähmung‹ übernommen (συστολή, *contractio*). Vgl. SVF 3,446,26 ff.; Diog. Laert. 7,110 ff.; Cic. acad. 1,38.

30 So Achills Verhalten aus Trauer über den Tod des Patroklos, Il. 24,10 f.

31 Vgl. ep. 28,2, wo die Argumentation ähnlich verläuft.

32 Lucr. 3,1006; Seneca fügt *semper* hinzu.

33 Über Athenodorus erfahren wir in ep. 10,5 mehr; er war Lehrer des Augustus und noch mit Cicero bekannt gewesen (Att. 16,11,4.14,3).

34 Über die Freundschaft ausführlicher 6,7 und 7,1 ff. Senecas *De amicitia* ist kaum mehr faßbar (frg. Haase 3,435); Serenus war Senecas Schüler und Freund (ep. 6,4; 48,2); vgl. Knoche, in: Maurach I, S. 149–166. Siehe ferner ep. 75; nat. quaest. 3,21,1; 6,16,2; Pohlenz I, S. 117.

35 Zur schon im Griechischen topischen Anprangerung der Bau-
   wut (Demosth. 3,25 f.; 9,36 f.; 22,76; 23,203) vgl. Sen. ep.
   89,21; 90,43; 114,9; benef. 7,10,5; Hor. carm. 2,18,30;
   3,1,33 f.; epist. 1,184; Petron. 120,88; Statius Silv. 2,25; Cic.
   Sest. 93; Pis. 48; dom. 116; off. 1,138; Sall. ep. ad Caes. 1,8,1;
   Cat. 2,15; Friedländer, Bd. 2, S. 230 ff.; Kroll, Bd. 1, S. 97 ff.

36 Über den Wert der Zeit vgl. ep. 1,1 und dazu Maurach II, S. 27;
   ferner ep. 22,14; 23,9 f.; 32,2 f.

37 Die Anrede wird an wichtiger Stelle wiederholt.

38 Zum Kosmopolitismus der Stoa vgl. Sen. de otio 4,1; ep. 88,28;
   Cic. rep. 1,19; leg. 1,22; fin. 3,64. Zu den von Cicero abwei-
   chenden Konsequenzen, die Seneca aus dieser Haltung zog,
   vgl. Pohlenz I, S. 137, 315 f.; Abel, S. 59. Die Antike führte
   den Gedanken auf Anaxagoras zurück (Diels, *Vorsokratiker*
   59 A 1). Vgl. Mühl, S. 84.

39 Es handelt sich um die höchsten Ämter in Rom, Athen, Rhodos
   bzw. Karthago.

40 Das römische Heer war als dreifache Reihe aufgestellt. Die
   triarii fungierten als Reserve. – Die *vita mixta* führt Seneca
   gegen Athenodor (vgl. Anm. 33) ins Feld. Demgemäß ist hier
   die *vita activa* mehr betont als die *vita contemplativa*. Damit
   liegt Seneca wieder etwa auf der Linie Ciceros (rep. 1,1 f.; 3,5;
   off. 1,53 ff.) im Gegensatz zu Aristoteles (bes. 10. Buch der
   Nikomachischen Ethik), nach dem die reine *vita contemplativa*
   nur einem Gott möglich ist.

41 Am Ende des Peloponnesischen Krieges (404 v. Chr.) wurden
   von den Spartanern dreißig Adelige als Machthaber eingesetzt.
   Sie übten ein Terrorregiment aus, das besonders Platon im
   7. Brief lebendig werden läßt.

42 Der Areopag war ein Ältestenrat, dessen Einfluß mit der
   Demokratisierung zurückging; denn es überwog in ihm das
   aristokratische Element. 461 weitgehend entmachtet, fand er
   458 bei Aischylos, ja noch bei Isokrates Anerkennung.

43 Sokrates (399 v. Chr. zum Tode verurteilt und mit Gift hingerichtet) wird von Seneca wiederholt als Gegenspieler der
   Tyrannei – daher die vorliegende Anspielung auf Harmodius
   und Aristogeiton, die Mörder des Peisistratiden Hipparch
   (514 v. Chr.) –, als Opfer der Demokratie und als Wahrer
   innerer Freiheit bei Verlust der äußeren angeführt. Der hier
   vorliegende neue Freiheitsbegriff, der sich deutlich abhebt von
   der juristischen Bestimmung der Freiheit aus dem Gegensatz

zur (politischen) Unfreiheit, ist weitgehend eine Schöpfung
Senecas; vgl. dazu Kunkel II, S. 81; Schulz, S. 95 ff.; Wirszubski, *passim*; Kloesel, S. 120–172 (hier zitiert nach Oppermann [*Wege der Forschung*, 34]).

44 M.' Curius Dentatus durcheilte als *homo novus* eine ungewöhn-
liche Karriere (290 Konsul, 283 praetor suffectus, 275 zum
zweiten Male Konsul, 273 zum dritten Male, 272 Zensor), die
er wohl militärischen Erfolgen verdankte. 290 beendete er die
Samnitenkriege, besiegte die Sabiner und triumphierte über
beide; focht erfolgreich gegen Pyrrhus (Cic. Cato 55; rep. 3,40;
wo er als Muster altrömischer Gesittung erscheint wie bei Sen.
cons. ad Helv. 10,8 f.; vit. beat. 21,3). Bei seinem Triumphzug
sah man in Rom zum ersten Male Elefanten (Sen. brev. v. 13,6;
Flor. 1,13,28). – Nach Unterwerfung der gallischen Senonen
gründete er Sena Gallica.

45 Vgl. Cic. off. 3,43–46.

46 *Considerandum est ... irritus labor est* findet sich in den Hand-
schriften am Ende von Kap. 6 (nach *popina secreta.*). Aber dort
passen diese Worte nicht in den Zusammenhang. Sie scheinen
sich vielmehr auf 6,2 (*necesse est se ipsum noscere*) zu beziehen.
An mehreren Stellen suchte man – ohne überzeugenden Erfolg
– den Abschnitt einzufügen. Die hier mit Waltz nach dem
Vorschlag von Albertini: S. 184–186, getroffene Entscheidung
scheint noch am ehesten annehmbar. Andererseits ist der Übergang von 6,8 zu 7,1 unbefriedigend. Waltz nimmt daher am
Ende von Kap. 6 eine Verstümmelung des Textes an. – Mit
gutem Grund ist man der Meinung, Seneca habe den Dialog in
zwei Anläufen geschrieben, zunächst Kap. 1–6 (mit einer Skiz-
zierung des Schlusses), dann 7–17. So könnte eine Erklärung für
den abrupten Übergang von Kap. 6 auf 7 und für den lockeren
Aufbau der Kap. 7–17 gegenüber 1–6 gewonnen werden. Vgl.
Castiglione und Reynolds zur Stelle.

47 Vgl. Cic. off. 1,70 ff.

48 Isokrates (436–338 v. Chr.), politischer Gegner des Demosthe-
nes, galt nächst diesem als bedeutendster Redner, wenngleich er
nur Pamphlete schrieb. Sogar bei Platon findet er Anerkennung. Durch sein rhetorisch bestimmtes Bildungsideal –
21 erhaltene Reden geben davon Zeugnis – hat er gewaltig auf
die Nachwelt gewirkt, besonders auch auf Cicero.

49 Ephorus schrieb die erste Universalgeschichte der Griechen
(von den Herakliden bis zur Eroberung Korinths durch

Philipp von Makedonien. Das Werk ist verloren; vgl. Cic.
de or. 2,57.)

50 Zur hier angenommenen Textlücke vgl. Anm. 46.

51 Der Philosoph Platon (427–354) war Schüler des Sokrates
ebenso wie der Erzähler und Historiker Xenophon (430–354).
Beide setzten ihrem Lehrmeister unvergängliche literarische
Denkmäler.

52 Gemeint ist Cato Uticensis, der nach der Niederlage gegen
Cäsar den Freitod wählte gemäß dem stoischen Grundsatz der
εὔλογος ἐξαγωγή.

53 Die gedankliche Ordnung ist unklar, denn Furcht (*metus*) ist
»Verwirrung aufgrund der Vorstellung von einem Übel« (*pertur-
batio ex opinione mali*), *desiderium* eine Erscheinungsform der
libidines, Schmerz eine des Gram. – Die Habsucht wird immer
wieder als römisches Nationallaster angeprangert (Cic. off.
1,24 f.; Sall. Catil. 11,1; ep. ad Caes. 2,8,4).

54 Bion von Borysthenes (300–225 v. Chr.) war ein durch brillante
Formulierungen in seiner Zeit vielbeachteter Popularphilosoph;
vgl. 15,4.

55 Diogenes aus Appollonia in Phrygien (499–427 v. Chr.) gehört
zu den späten Vertretern der jonischen Naturphilosophie; bei
den Stoikern genoß er Ansehen (Plut. repugn. Stoic. 1043 a–b).

56 Anspielung auf das stoische Paradoxon, daß der Weise allein
König sei (SVF 3,332; Diog. Laert. 7,122).

57 Ein der Stoa geläufiger Gedanke; vgl. Diog. Laert. 7,119; das
Glück des Weisen unterscheidet sich von dem der Götter allein
durch zeitliche Begrenztheit (vgl. SVF 3,54).

58 Aus Gadara stammender, einflußreicher Freigelassener des
Pompeius, berühmt durch seinen Reichtum (vgl. Plut. Pomp.
40,1–3; Cato min. 13,1 f.).

59 *Vicarii* waren Sklaven, die anderen ihresgleichen untergeordnet
waren.

60 Der Fortschritt erfolgt von Gewöhnung zum Lernen, d. h.
Wissen (*scientia*, *ratio*). Damit bewegt sich Seneca von den
Unterweisungen (*praecepta*, *admonitiones*; παραινέσεις) zu
den Grundsätzen (*decreta*, *placita*; δόγματα) der Stoa. Jene
haben besondere, diese allgemeine Bedeutung (ep. 94,31;
95,12). Falsche Vorstellungen können restlos nur durch Beach-
tung der *decreta* beseitigt werden. So gelangt man zum unerschütterlichen Urteil (ep. 95,12), zur *tranquillitas* (ebd.), *securitas* (ep. 53,12), *virtus* (ep. 71,32) und zur Überlegenheit über

die *indifferentia.* – Zum Problem des Wissens vgl. Sen. ep. 51,9; 66,33; 92,2; 107,3; Barth-Goedeckemeyer, S. 69.

61 Vgl. die platonische Auffassung, daß die Leidenschaften dem Logos zu gehorchen haben (Plat. rep. 439 d; 441 d–e; 442 d–e; Cic. rep. 3,37; Aug. civ. dei 19,21).

62 Ein stoischer Gedanke, der bei Augustinus große Bedeutung gewinnt.

63 Große Privatbibliotheken als Beweis der Prunksucht. – Öffentliche Bibliotheken gab es übrigens in der römischen Welt erst seit Cäsar.

64 Die Bibliothek der Ptolemäer in Alexandreia war die größte der Antike. Sie ging in Cäsars alexandrinischem Krieg verloren. Gleichsam als Ersatz begann Cäsar den Bau seiner Bibliothek in Rom. Asinius Pollio vollendete sie unter Augustus.

65 Der untersten Stufe der Werte zugehörig (ἀπροηγμένα).

66 Schon die Etrusker importierten wertvolle Keramik aus Korinth und Athen. Der Raub der griechischen Gemälde und Skulpturen nahm gewaltige Ausmaße an, besonders seit Korinths Eroberung (146 v. Chr.), von neuem unter Nero (Tac. ann. 15,45,2).

67 Große Thermen wurden mit ansehnlichen Bibliotheken ausgestattet. Dort standen die Büsten bedeutender Autoren.

68 Die Unterscheidung zwischen privatem und öffentlichem Unglück in dieser Form ist wohl demokritischer Herkunft.

69 Zur Gewöhnung vgl. Demokr. frg. 68 B 241. Über das Verhältnis zwischen Gewöhnung und Vernunft vgl. Cic. Tusc. 2,40; Sen. ep. 94,40 ff.; Pohlenz I, S. 319 und Anm. 60.

70 Die Metapher findet sich schon bei Demokrit (68 B 287); vgl. zum folgenden 68 B 202, 231, 191.

71 D. h., daß das Schicksal nur durch *ratio* entmachtbar ist. Vgl. ep. 11,5; 51,9; 64,4; 99,32; prov. 2,9; const. sap. 8,3.

72 Wohl Nachklang von Verg. Aen. 6,95 f., von Seneca in ep. 82,18 zitiert in Zusammenhang mit der Furcht wie hier.

73 Der Körper gehört zu den *indifferentia.* Dies bedeutet nicht, daß man ihn vernachlässigen darf. Seneca trieb eifrig Sport (ep. 15,4; 83,3 ff.).

74 *precarium* ist juristischer Terminus technicus (unentgeltliche Überlassung von immobilem, später auch mobilem Besitz als jederzeit widerruflich).

75 Das *fidei commissum* war die formlose Bitte des Erblassers an seinen Erben, einem dritten einen Teil der Erbschaft zu über-

lassen mit der Formel: *Fidei tuae committo, peto, rogo, volo.* Hier bestand ursprünglich nur moralische, seit Augustus auch formaljuristische Verbindlichkeit.

76 Vgl. Demokr. frg. 205 f. Das Leben ist nur ein relativer Wert, ein προηγμένον; ep. 26,10: »Wer zu sterben gelernt hat, hat verlernt unfrei zu sein.« Den Selbstmord aber lehnt Seneca ab (vgl. ep. 12,6). Der Tod ist wahrer Befreier (ep. 24,11), die beste Erfindung der Natur (ep. 20,1 ff.). Vgl. Leeman, S. 322–333.

77 Vgl. Cic. Milo 92.

78 Ein Brauch, der sich bei der Beisetzung von Kindern gehalten hat; vgl. Servius ad Verg. Aen. 11,143.

79 Die Gefahren der Seefahrt (hier in Zusammenhang mit der *praemeditatio malorum*) als Beispiel für die Gedankenlosigkeit derer, die sich an das Unwesentliche des Augenblickes verlieren – ist Topos in kynisch-stoischer Argumentation, der über Arat und griechische Epigrammatiker bis auf Hesiods Lehre von den Zeitaltern (*Werke und Tage* 236 ff.) zurückgeht (vgl. Soph. Antig. 332 f. als Beispiel für die δεινότης des Menschen). In augusteischer Zeit ist der Topos sehr verbreitet: Die Gefahr der Seefahrt (bei Hor. carm. 1,3,9–24) bleibt immer mit Frevel behaftet (vgl. auch Prop. 1,17,3; Tib. 1,3,37–40; Ov. Metam. 1,94 f.; Prop. 3,7,31). In Lucr. 3,557; 5,1004; Ov. am. 3,843–850 ist der Zusammenhang mit dem Goldenen Zeitalter besonders deutlich.

80 Publilius Syrus, Mimendichter aus der Zeit Cäsars.

81 Die Reihe der unter Tiberius und Caligula in Ungnade gefallenen Patrizier ist lang, ihr Schicksal meist tragisch.

82 Der Mann ist unbekannt. Offensichtlich handelt es sich um einen Verwandten des Caligula, den dieser, um ihn beerben zu können, in einem Verlies seines Palastes Hungers sterben ließ. Dann aber wurde er pomphaft öffentlich beigesetzt. Gaius ist Caligula.

83 Waltz, Anm. zur Stelle, weist hin auf ep. 98,20.

84 Zu Aufstieg und Sturz Sejans vgl. Tac. ann. 4,1; 5,9.

85 Zum Schicksal des Krösus vgl. Herodot 1,29–33. Sein Reichtum und Untergang wurde zur Legende.

86 Jugurtha, König von Numidien, hielt römische Interventionstruppen hin, bis Marius ihn gefangennahm. 104 v. Chr. wurde er in Rom hingerichtet.

87 Ptolemäus, Sohn des Königs Juba II. und der Kleopatra Selene

(Tochter der Kleopatra und des Antonius) – Mithridates, Bruder des Pharasmanes (vgl. Dio Cass. 5,26,4; Tac. ann. 6,32; 11,8) aus Armenien. Jener wurde 39 nach Rom gebeten und 40 hingerichtet. Dieser, von Tiberius auf den Thron gehoben, von Caligula nach Rom gerufen und von Claudius entlassen (41). Senecas Bericht ist ungenau. Mithridates wurde wieder als König eingesetzt, von römischer Besatzung geschützt, aber dann vom Präfekten fallengelassen und seinem feindlichen Bruder ausgeliefert (Tac. ann. 12,47; Dio Cass. 59,25). Die Abfassung von *De tranquillitate* erfolgte wohl, nachdem in Rom der Verrat bekannt geworden war. Darauf spielen die Worte *ut meliore fide mitteretur* an.

88 Zu *inutilis* vgl. ep. 88,36. 42–44.

89 Nomenklatoren waren Sklaven oder Freigelassene, die ihren *patronus* begleiteten und ihm die Namen von Personen zuflüsterten. In der Zeit Senecas hatten sie oft bei Einladungen großen Einfluß auf die Auswahl der Gäste.

90 Seneca führt nun die *regula* des Demokrit (vgl. Cic. off. 3,74) gegen das *taeterrimum vitium* ein: 1. Beschränkung auf das Notwendige (vgl. 2,7; 12,1); 2. Überlegenheit gegenüber der *fortuna*. – Mit Plut. 465c 8 ff.; 466c 10 ff. stimmt Seneca darin überein, daß der Vollbesitz der Vernunft Ausgeglichenheit der Seele garantiert, aber für den Suchenden ist – anders als bei Plutarch – die Wahl der Lebensform bedeutsam (vgl. ep. 51 und besonders ep. 56,6, auch die Gegenüberstellung in ep. 56,13). Die Regel betont die Übereinstimmung von Wort und Tat (ep. 20,3; dazu G. Maurach I, S. 85 f.) in den verschiedenen Lebensbereichen.

91 Vgl. ep. 56,15, ferner die Worte des Kaisers Otho bei Tac. hist. 2,47,5.

92 Die Anekdote ist wohl nach der ähnlich gestalteten über Bias gebildet.

93 Theodorus von Kyrene war Zeitgenosse des Sokrates, der angesprochene Tyrann ist Lysimachos.

94 Phalaris war Tyrann in Agrigent im 6. Jahrhundert. Er galt als Symbolfigur grausamer Tyrannei. Hier wird Caligula mit ihm verglichen. Gaius Iulius ist nicht näher bekannt.

95 »Um noch das eigene Leben zu retten«, ist mitzudenken.

96 Vgl. Tac ann. 16,34, wo Ähnliches über den Stoiker Thrasea berichtet wird.

97 Nach Sokrates' Tod in Platons Darstellung berichtet.

98 Hochgestellte Persönlichkeiten hielten sich einen Philosophen als Lehrmeister.

99 Vgl. Suet. Calig. 22.

100 Heraklit aus Ephesos (544–483) hat eine Schrift *Über die Natur* hinterlassen (erhalten sind nur geringe Fragmente). Seine dunklen Aussagen machen ihn schwer verständlich. Nicht nach dem Urstoff suchte er, er sah vielmehr das Wesen der Welt in ihrer Bewegtheit (Πάντα ῥεῖ: alles fließt). Volksglauben und Demokratie lehnte er höhnisch aus aristokratischem Selbstbewußtsein ab. Vgl. Sen. de ira 2,10,5; Iuven. sat. 10,5,28 ff.

101 Vgl. Anm. 54.

102 *conceptum / inceptum:* kaum nachvollziehbares Wortspiel (*conceptum* heißt auch empfangen, 11,6).

103 Die Natur ist hier wohl die besondere Natur des Einzelmenschen, die ein Teil der Gesamtordnung der φύσις ist und sich demnach zu verhalten hat; vgl. Cic. off. 1,110.

104 Zu Sokrates vgl. 5,8 (Anm. 43), const. sap. 73,3; 19,1; Grimal II, S. 32; 62; 98; Cic. Tusc. 3,31; Sen. de ira 2,7,1. – Zu Rutilius Rufus vgl. Cic. rep. 1,13.17. Er gehörte dem Scipionen-Kreis an und war von Panaitios beeinflußt, Konsul 105 v. Chr. Trotz seiner vorbildhaften Verwaltung der Provinz Asia *de repetundis* angeklagt, ging er in die ihm einst anvertraute Provinz in Verbannung, als Muster der Unbestechlichkeit berühmt. – Pompeius wurde auf der Flucht vor Cäsar in Ägypten ermordet. – Cicero fiel während des Krieges zwischen den Cäsarmördern und Antonius der Rache der letzteren zum Opfer, weil er rückhaltlos gegen ihn in den *Philippischen Reden* Stellung bezogen hatte.

105 Cato wird effektvoll mit Oxymoron eingeführt. Er scheint als *exemplum virtutis* Serenus begeistert zu haben; vgl. const. sap. 1,2; Grimal I, S. 205; Abel, S. 124 ff.; const. sap. 2,1 ff.; 7,1 ff.; 16,1; 19,4; prov. 2,9; 3,3. Oft von Deklamatoren gerühmt, hat sein Vorbild nicht an Ausstrahlungskraft verloren (ep. 24,6). Er hat gezeigt, daß neben Freiheit alle Werte nichts gelten (ep. 104,30 ff.). Sogar einem Juppiter könnte er Vorbild sein (prov. 2,9), den Menschen aber Anlaß zur Nachahmung (ep. 95,66), würdig, an die Stelle des stoischen Weisen zu treten, wird er dem Hercules, dem Wohltäter der Menschen, nahegerückt. In seiner Absage an den Epikureismus (ep. 101,10 f.) ist er Sokrates (ep. 104,27.30 ff.), ja den Heroen

nahe (const. sap. 6,8; Lucan. 9,30.97; 7,696; Valer. Max. 6,25).

106 Vgl. prov. 3,4–8.14.

107 Zum Gedanken vgl. ep. 101,11 ff., wo Maecenas als Gegenbeispiel angeführt wird. Er ist in diesem Zusammenhang als abschreckendes Beispiel genannt. Regulus (vgl. prov. 3,4.9.11; Cic. off. 1,39.102–105) galt als Muster der *fides* und der *innocentia*, weil er, als Kriegsgefangener von den Puniern nach Rom geschickt, um den Gefangenenaustausch einzuleiten, ohne persönliche Rücksichten aus Staatsräson davon abriet, gemäß seinem Treuwort nach Karthago zurückkehrte und dort zu Tode gequält wurde.

108 Gemeint ist offenbar Scipio Aemilianus (185?–129), der Zerstörer Karthagos.

109 Tanz ist für die Römer – anders als für Griechen und Etrusker –, wofern es sich nicht um den kultischen Tanz der *Salii* für Mars und Quirinus handelt, entehrend (Cic. Mur. 13; off. 3,75). Die Wertung wandelte sich seit Augustus (vgl. Hor. carm. 1,37). Caligula liebte es zu tanzen (Suet. 54).

110 Asinius Pollio (74 v. – 4 n. Chr.), Konsul 40, rettete den Besitz Vergils bei Mantua während der Landenteignungen Octavians für sein Heer. Bedeutend als Historiker und Dichter, förderte er Catull, Horaz, Vergil u. a. und gründete die erste öffentliche Bibliothek im Tempel der Libertas.

111 Der Vergleich findet sich bei Cic. rep. 1,66 und geht auf Plat. rep. 562c ff. zurück.

112 Solon wurde 594/593 v. Chr. zum Schiedsmann in Athen bestellt, nachdem er schon vorher seine politischen Ideen in Gedichten bekannt gemacht hatte. Er verwirklichte in seiner Verfassung die Gedanken der Solidarität und Gerechtigkeit. Maßstab politischer Rechte war das Vermögen (τιμή) – und damit die Leistung für die Allgemeinheit –, nicht mehr Abstammung aus dem Adel. – Arkesilaos (geb. 315 in Pitane, gest. 240 in Athen), Vertreter der mittleren Akademie, nahm an, daß Sinneswahrnehmungen keine sicheren Erkenntnisse ermöglichten. Deshalb forderte er Zurückhaltung des Urteilens (ἐποχή). Für das praktische Handeln hielt er das Wahrscheinliche (*probabile* πιθανόν) für hinreichend. Er bekämpfte vor allem die Physik der Stoiker. – Was hier berichtet wird, sind Legenden.

113 Vgl. Cic. Tusc. 1,64; div. 1,80; de or. 2,194; Plat. Ion 533e–534a; Phaedr. 245a; leg. 719c; Aristot. poet. 1455a 32 ff.

– Bei dem Dichter handelt es sich vielleicht um Menander (342/341–290 [?]) aus Athen, den bedeutendsten Vertreter der sog. Neuen Komödie, der 100 Lustspiele schrieb; nur eines, der *Dyskolos*, ist erhalten. Seinen Stoff nimmt er nicht mehr aus dem politischen, sondern aus dem privaten Leben (beeinflußt von Theophrasts *Charakteres*); er dient häufig Plautus und Terenz als Vorlage; vgl. Hor. carm. 4,12,25–28.

114 Der Schlußabschnitt nimmt den fingierten Anfangsbrief (Kap. 1) auf und erinnert auffällig an Cic. off. 3,121.

Literaturhinweise

Ausgaben

Ammendola, G.: L. Ann. Seneca. De tranquillitate animi. Testo critico e commento. Neapel 1951.

Basore, J. W.: Seneca. Moral Essays. Lat./Engl. Bd. 2. London 1958 [u. ö.].

Castiglione, L.: L. Ann. Senecae Dialogorum libri IX–X. Turin 1951. S. 1–37.

Duff, J. D.: L. Annaei Seneca dialogorum libri X, XI, XII. Preface, text and commentary. Cambridge 1915.

Gertz, M. C.: L. Ann. Senecae dialogorum libri XII. Leipzig 1886.

Hermes, E.: L. Ann. Senecae dialogorum libri XII. Leipzig 1905.

Reynolds, L. D.: L. Ann. Senecae dialogorum libri XII. Oxford 1977. [Dazu P. Grimal in: Revue des Etudes Latines 55 (1977) S. 463–465.]

Rosenbach, M.: Seneca. Studienausgabe. Lat./Dt. Bd. 1. Darmstadt 1971. S. 102–173.

Übersetzungen

Apelt, O.: Senecas philosophische Schriften in deutscher Sprache. Bd. 2. Leipzig 1923. S. 61–109.

Castiglione, L.: Della tranquillità dell'anima. Testo critico e versione. Turin 1930.

Forbiger, A.: Seneca. Von der Gemütsruhe. 3. Aufl. Berlin [o. J.].

Mattioli, A.: Seneca. Dialoghi. Bd. 2. Mailand 1958. S. 54 ff.

Moser, J. M.: Senecas philosophische Werke in Übersetzung. Bd. 4. Stuttgart 1828. – Neu hrsg. von Thassilo von Scheffer. Bd. 1. Berlin 1925. S. 216–249.

Schmidt, H.: Seneca. Von der Gemütsruhe. In: Seneca. Vom glückseligen Leben. Stuttgart 1974. S. 53–89. [Überarbeitung der Übersetzung von A. Forbiger.]

Sekundärliteratur

Abel, K.: Bauformen von Senecas Dialogen. Heidelberg 1967. [Dazu Maurach in: Gymnasium 74 (1967) S. 549 ff.]

Albertini, E.: La composition dans les ouvrages philosophiques de Sénèque. Paris 1923.

Barth-Goedeckemeyer, A.: Die Stoa. Stuttgart [6]1946. S. 160–202.

Bellincione, M.: Educazione alla Sapientia. In: L'Antiquité Classique 49 (1980) S. 410.

Bourgery, A.: Sénèque le philosophe. Paris 1923.

Boyancé, P.: Le Stoicisme à Rome. In: Actes du VIIième congress de l'Association Budé. Aix-en-Provence 1963. S. 253–262. Auch in: Maurach I, S. 39–52.

Büchner, K.: Römische Literaturgeschichte. Stuttgart [5]1982, S. 419 ff.

Busa, S. J. / Zampolli, A.: Concordantiae Senecianae. Hildesheim / New York 1975.

Busch, G.: Furtunae resistere in der Moral Senecas. In: Antike und Abendland. Beiträge zum Verständis der Griechen und Römer und ihres Nachlebens. 10 (1961) S. 131–153. Auch in: Maurach I, S. 53–94

Cancik, M.: Untersuchungen zu Senecas epistulae morales. Hildesheim 1967. (Spudasmata. 18.) [Dazu Rezension von Maurach in: Gnomon 41 (1969) S. 366 f.]

Carcopino, J.: Rom. Leben und Kultur. Stuttgart [2]1979.

Castiglione, L.: Studi intorno a Seneca prosatore e filosofo. In: Rivista di Filologia e d'Istruzione Classica 92 (1924) S. 350 ff.

Currie, H. Mac L.: Seneca's Style: Some Observations. University of London. Institute of Classical Studies. Bulletin 13. 1966. S. 76–87. Auch in: Maurach I, S. 203–227.

Dahlmann, H: Seneca und Rom. In: Das Neue Bild der Antike. Bd. 2. Leipzig 1942. S. 296–309.

Friedländer, L.: Sittengeschichte Roms. Wien [10]1934.

– Der Philosoph Seneca. In: Historische Zeitschrift N. F. 49 (1900). Auch in: Maurach I, S. 95–148.

Gianciotti, F.: Cronologia dei Dialoghi di Seneca. Turin 1957.

– Sopra il ritiro e la ricchezza di Seneca. In: Rivista di Archeologia Cristiana 11 (1956) S. 105 ff.

Grant, M.: Nero. Despot – Tyrann – Künstler. München 1970.

– Roms Cäsaren. München 1983. S. 185–215.

Grimal. P.: Seneca. Macht und Ohnmacht des Geistes. Darmstadt 1978. [Zit. als: Grimal I.]

– Ann. Senecae operum moralium concordantia. Dialoge I–IV. Paris 1965–70. [Zit. als: Grimal II.]

– Auguste et Athenodore. In: Revue des Etudes Anciennes 47 (1945) S. 261 ff. [Zit. als: Grimal III.] – Revue des Etudes Anciennes 48 (1946) S. 62 ff. [Zit. als Grimal IV.]

- Römische Kulturgeschichte. Zürich/München 1961.
- Acción y vida interior en Seneca. In: Estudios Clásicos 24 (1980) S. 81–100.
Hadot, J.: Seneca und die griechisch-römische Tradition der Seelenleitung. Berlin 1969.
Hense, O.: Seneca und Athenodorus. Progr. Freiburg 1893.
Kloesel, M.: Libertas. Diss. Breslau 1935. S. 6–18; 24 ff. Auch in: Römische Wertbegriffe. Hrsg. von H. Oppermann. Darmstadt ²1974. (Wege der Forschung. 34.) S. 120–172. [Danach zit.]
Knoche, U.: Der Philosoph Seneca. Frankfurt a. M. 1933.
- Der Gedanke der Freundschaft in Senecas Briefen. Commentationes in honorem Edwin Linkomies Sexagenarii. A. D. MCMLIV editae Helsinki. S. 85–96. Auch in: Maurach I, S. 149–166.
Kroll, W.: Die Kultur der ciceronischen Zeit. 2 Bde. Leipzig 1933.
Kunkel, W.: Römische Rechtsgeschichte. Eine Einführung. Köln/Wien ⁸1978.
- Zum Freiheitsbegriff der späten Republik und des Prinzipates. In: Berichte über neuere Arbeiten zur römischen Verfassungsgeschichte III. Zeitschrift der Savignystiftung. Bd. 75. S. 322–347. Auch in: Prinzipat und Freiheit. Ausgewählte Aufsätze zum Staatsdenken der Römer in der Kaiserzeit. Hrsg. von R. Klein. Darmstadt 1969. (Wege der Forschung. 135.) S. 68–93.
Lana, J.: Seneca e la posizione degli intellettuali romani di fronte al principato. Turin 1964.
Latte, K.: Römische Religionsgeschichte (Handbuch der Altertumswissenschaften V,4). München 1960.
Laurenti, T.: L'εὐθυμία di Democrito in Seneca. In: Siculorum Gymnasium 33 (1980) S. 533–552.
Leeman, A.: Das Todeserlebnis in Senecas Denken. In: Gymnasium 78 (1971) S. 322–333.
Levi, A. M.: Nerone e i suoi tempi. Mailand 1949. (Biblioteca storica universitaria. 2,1.)
Mantello, A.: Seneca. Dalla ragione alla voluntà. In: Labeo 16 (1980) S. 181–190.
Marchesi, A.: Seneca. Mailand/Messina ³1944.
Marquardt, J.: Das Privatleben der Römer. Leipzig 1886. Reprogr. Nachdr. Darmstadt 1975.
Maurach, G. (Hrsg.): Seneca als Philosoph. Darmstadt 1975. (Wege der Forschung. 414.) [Zit. als: Maurach I.]
- Untersuchungen zum Bau von Senecas epistulae morales. Heidelberg 1970. [Zit. als Maurach II.]

Momigliano, A.: Nero. In: Cambridge Ancient History. Bd. 10. Cambridge 1934.

Moreschini, C.: Cicerone filosofo, fonte di Seneca. In: Rivista di Cultura classica e medioevale 19 (1977) S. 527–534.

Mühl, M.: Die antike Menschheitsidee in ihrer geschichtlichen Entwicklung. Leipzig 1928. Reprogr. Nachdr. Darmstadt 1975.

Norden, E.: Die antike Kunstprosa vom 6. Jahrhundert v. Chr. bis in die Zeit der Renaissance. 2. Bde. Darmstadt ⁷1974. (Reprogr. Nachdr. der 2. Aufl.), bes. Bd. 1, S. 306–313.

Oppenhein, E.: Selbsterziehung und Fremderziehung nach Seneca. In: Internationale Zeitschrift für Individualpsychologie 8 (1930) S. 72–80. Auch in: Maurach I, S. 183 ff.

Oppermann, H. (Hrsg.): Römische Wertbegriffe. Darmstadt ²1974. (Wege der Forschung. 34.)

Paoli, U. E.: Das Leben im alten Rom. Bern/München ²1961.

Paratore, E.: Nerone. Rom 1969.

Pfligersdorffer, G.: Aus dem politischen Gedankengut der Antike. Festschrift für H. Lechner. In: Stimmen der Zeit. Salzburg 1978. S. 179–195.

Pohlenz, M.: Die Stoa. Geschichte einer geistigen Bewegung. Bd. 1. Göttingen 1948. [Zit. als: Pohlenz I.]

– Die Stoa. Erläuterungen zu Bd. 1. Göttingen 1955. [Zit. als: Pohlenz II.]

– Philosophie und Erlebnis in Senecas Dialogen. In: Nachrichten der Göttinger Gesellschaft der Wissenschaften. Phil.-hist. Klasse. 1941. S. 55–118. [Zit. als: Pohlenz III.]

– Der hellenistische Mensch. Göttingen 1946.

Rozelaar, M.: Seneca. Amsterdam 1976.

Schanz, M. / Hosius, C.: Geschichte der römischen Literatur. T. 2. München 1967. (Reprogr. Nachdr. der 4. Aufl. von 1935.) S. 682–722, bes. S. 691.

Schulz, F.: Prinzipien des römischen Rechtes. Vorlesungen. Berlin 1934. Reprogr. Nachdr. 1954.

Syme, R.: Tacitus, 2 Bde. Oxford 1958.

Teuffel, W. / Kroll, W. / Skutsch, F.: Geschichte der römischen Literatur. Bd. 2. Leipzig ⁷1920. S. 215–225.

Ueberweg, F. / Praechter, K.: Grundriß der Geschichte der Philosophie. Bd. 2. Darmstadt 1967. (Reprogr. Nachdr. der 12. Aufl. von 1923.) S. 491–493.

Wagenvoort, H.: Ad Senecae dialogorum libros 7–11. Adnotatio-

nes. In: Studi in onore di Castiglione. Bd. 2. Florenz 1960.
S. 1081–1090.

Wirszubski, Ch.: Liberty as a political Idea at Rome. Cambridge
1950. (Cambridge Classical Studies.)

Zeller, E.: Die Philosophie der Griechen in ihrer geschichtlichen
Entwicklung. 3 Bde. Darmstadt [7]1967.

Nachwort

Senecas Leben

L. Annaeus Seneca ist 4 oder 1 nach Christus im spanischen Cordoba, einer der ältesten römischen Kolonien außerhalb Italiens, als zweiter von drei Söhnen – seine Brüder waren Novatus und Mela – geboren. Die Familie gehörte dem Ritterstand an. Sein gleichnamiger Vater war (wie die wahrscheinlich wesentlich jüngere Mutter Helvia) vermögend und genoß als Literat hohes Ansehen. Er hatte eine verlorene Geschichte der Bürgerkriege[1] und rhetorische Werke, *oratorum et rhetorum sententiae, divisiones, colores, suasuoria* und *controversiae* geschrieben. Diese Werke, kulturhistorische Dokumente, geben einen interessanten Einblick in den deklamatorischen Betrieb der Zeit. Seneca, der Vater, kam zweimal nach Rom, wobei er sich auch um die senatorische Karriere seiner Söhne kümmerte. Indessen zeigte der zweite von ihnen schon früh philosophische Neigungen. Er hörte den Stoiker Attalos[2], der unter Tiberius in Rom lebte, Papirius Fabianus[3] und Sotion[4], einen Vertreter der pythagoreischen Richtung der Stoiker. Die Anfänge von Senecas Ämterlaufbahn sind unbekannt. Wahrscheinlich war er einer der *vigintiviri*, befaßte sich aber gleichzeitig mit Rhetorik und Dichtern, besonders Horaz, Ovid und Vergil, wie die Zitate aus seinen Schriften beweisen. Seine labile Gesundheit veranlaßte ihn dann, im trockenen Klima Ägyptens Heilung zu suchen. Er folgte seinem Onkel Galerius, der dort als

---

1 Sie reichte von den Gracchen (133 v. Chr.) bis 40 nach Chr., also nahezu bis zu seinem Tode. Seine rhetorischen Schriften, in denen er sich als Bewunderer Ciceros gibt, widmete er seinen Söhnen.

2 Attalus wurde später auf Sejans Betreiben aus Rom verjagt.

3 Durch Fabianus wurde Seneca wohl nach 20 mit der Lehre der Sextii bekannt, die ihn auf naturwissenschaftliche Beobachtungen lenkten.

4 Sotion könnte Senecas erster Philosophielehrer gewesen sein. Ob er der Schule der Sextii angehört hat, ist ungewiß.

Statthalter Dienst tat. Seine Tante nahm sich seiner wie ihres eigenen Sohnes an.[5] Die Eindrücke dieses Aufenthaltes prägten ihn nachhaltig. 31 kehrte er gesund nach Rom zurück. Galerius war auf der Rückfahrt gestorben.

Im Jahre 39 erreichte Seneca die Ädilität oder das Tribunat, wohl nicht ohne Förderung durch seine Tante. Das überrascht zunächst, denn Galerius war Günstling Sejans gewesen. Aber Senecas Tante scheint auch Verbindungen zum Kreis des Germanicus gehabt zu haben,[6] der, von Sejan verfolgt, nach dessen Sturz an Einfluß gewann. So scheint Seneca schon früh in die Strömungen am Hof hineingezogen worden zu sein. Das erklärt die Meisterschaft, mit der er sich später auf diesem Feld bewegte. Caligula (37–41) stand wie der späte Tiberius dem Germanicus-Kreis eher wohlwollend gegenüber. Dies änderte sich allerdings, als er mit dem Senat brach; und als gar während seines Gallienaufenthaltes eine Verschwörung aufgedeckt wurde, an der C. Lentulus Gaetulicus, der Statthalter in Gallien, beteiligt war und die wohl den der Germanicus-Gruppe nahestehenden M. Aemilius Lepidus zu Hoffnungen auf die Nachfolge veranlaßte,[7] schlug der Kaiser brutal um sich. Da seine Schwestern, wie man glaubte, Mitwisserinnen waren, wurden sie verbannt. Gegen Seneca hatte Caligula persönliche Antipathien.[8]

Zwar schien sich die Lage mit der Ermordung Caligulas und mit dem Regierungsantritt des Claudius (41–54) zu ändern, aber Messalina, des Kaisers dritte Gattin, hatte es sich zum Ziel gesetzt, alle zu vernichten, die dem Germanicus-Kreis nahestanden; denn sie fühlte sich von dieser Seite bedroht. Sie lancierte also den Vorwurf, Livilla, eine Tochter des

---

5 Seneca zeichnet in cons. ad Helv. 19,1 von dieser älteren Halbschwester seiner Mutter das Bild einer liebevoll für ihre Angehörigen sorgenden Frau.
6 Sie werden auf den Aufenthalt des Germanicus zur Zeit der Statthalterschaft ihres Mannes in Ägypten zurückgehen.
7 Suet. Calig. 24.
8 Vgl. Cass. Dio 59,19,7.

Germanicus – vierundzwanzig Jahre alt und skandalumwittert – habe ein intimes Verhältnis mit Seneca gehabt.[9] Seneca und Livilla wurden verbannt, Livilla im Jahre 42 ermordet, während ihre Schwester Agrippina überraschenderweise unbehelligt blieb. Wir sehen jedenfalls, daß Seneca schon damals eine über seine Ämterlaufbahn hinausreichende Stellung am Hofe innehatte. Nachdem Messalina (Sept. 48) ermordet worden war und die zielstrebige Agrippina die Ehe mit Claudius erreicht hatte, setzte sie die Rückberufung Senecas durch. Er wurde zum Erzieher Neros bestimmt, ihres Sohnes aus vorhergehender Ehe.

Neros Regierungsantritt (54) wurde in bewußtem Rückgriff auf die Regierungsprinzipien des Augustus vollzogen,[10] die besonders die Germanicus-Gruppe weitergepflegt hatte. Seneca und der Gardepräfekt Burrus prägten die ersten Regierungsjahre, die unter die glücklichsten der Kaiserzeit gerechnet wurden. Welche Rolle Seneca bei den erschreckenden Ereignissen der Folgezeit, der Ermordung des Britannicus, des rechtmäßigen Thronerben, des Sohnes des Claudius,[11] endlich bei der Beseitigung Agrippinas (59) spielte, ist unklar; feststeht, daß er zwischen mehreren Übeln das geringste zu wählen wußte. Sobald Nero dem Cäsarenwahn verfiel, Burrus aber den Tod gefunden hatte,[12] sah Seneca die Zeit gekommen, sich aus der Politik zurückzuziehen. Daß er lange Schlimmeres verhütet, durch seinen Tod die Despotie mit entlarvt und künftigen Zeiten ein

---

9 Die Richtigkeit dieses Vorwurfes ist nicht zu klären. Die Beurteilungen sind widersprüchlich. Rozelaar (S. 196 ff.) hält es für wahrscheinlich, Grimal (I, S. 56) für möglich.

10 Auch mit Neros Regierungsantritt sollte ein Goldenes Zeitalter beginnen (vgl. Sen. Apoc. cp. 4; Calp. col. 1,77; Einsiedler Gedichte 2, 27–38). Die Betonung des Apollo-Kultes und die Identifikation mit dem Gott weisen in dieselbe Richtung. Damit ist der Anspruch betont, ein Reich der Weltharmonie heraufzuführen (Apollo verkörpert diese als δημιουργὸς τοῦ κόσμου.). Ebenso deutlich ist der Unterschied zu Augustus, der sich göttliche Verehrung in Italien verbat und nur indirekte in der Dichtung duldete.

11 Tac. ann. 13,17,1–3.

12 Tac. ann. 13,20,1.

Beispiel gegeben hat, mag bei aller Gegensätzlichkeit der Urteile über ihn gegenwärtig bleiben. Er selbst hat seine philosophischen Grundsätze keineswegs verraten. Vor die Wahl gestellt, durch Verzicht auf Handeln schuldig zu werden, oder Schuld auf sich zu nehmen, um das Schlimmste zu verhindern, hat er sich für den einem Römer gebotenen Weg entschieden. Gegen Ende seines Lebens wurde ihm bewußt, daß »die erfolgreichsten Männer die unglücklichsten sind«.[13] Aber es galt trotzdem, sich der Vernunft zu unterwerfen; »denn wen die Vernunft lenkt, der wird viele lenken«.[14] Er trachtete danach, in Übereinstimmung mit der Weltordnung zu leben.[15]

Inmitten der Gefährdung menschlicher Existenz in der politischen Welt, dem Widerspruch zwischen moralischem Anspruch und politischer Notwendigkeit, hatte Seneca wie vor ihm Cicero aus dem Fundus griechischer Philosophie und ihrer Anverwandlung an römische Wertvorstellungen seine eigene Richtung gefunden, die er auch anderen zu weisen wußte.

Zu Serenus

Der Dialog *De tranquillitate animi*[16] ist wie *De constantia sapientis* und *De otio* von Seneca dem Annaeus Serenus gewidmet worden. Das *nomen gentile* legt die Vermutung nahe, daß Serenus mit Seneca verwandt war. Die persönlichen Beziehungen zwischen beiden Männern werden jedenfalls schon bestanden haben, bevor sie auf politischem Feld

13 Sen. ep. 124,24.
14 Sen. ep. 37,14.
15 Sen. ep. 124,15.
16 Die Widmung des Dialoges *De otio* ist mit dem Anfang der Handschrift verloren. Im *Codex Ambrosianus* hat der Name Serenus gestanden, wurde aber entfernt. Vgl. Ausgabe Reynolds, S. 9, und Ausgabe Hermes, S. 6. Zur Zusammengehörigkeit der Dialoge *De tranquillitate*, *De constantia sapientis* und *De otio* und dem daraus hervorgehenden Argument für die Widmung von *De otio* vgl. Grimal I, S. 208 f.

miteinander zu tun hatten. Der ältere Seneca (Senecas Vater)
scheint dem Serenus *patronus* gewesen zu sein.[17] Zur Zeit
der Abfassung des vorliegenden Traktates scheint Serenus
noch nicht in Amt und Würden gewesen zu sein. Wir sehen
ihn am Anfang des Werkes gleichsam am Scheideweg seines
Lebens, unsicher darüber, ob er sich für Zurückgezogenheit
oder die senatorische Laufbahn entscheiden soll. Daß er den
letztgenannten Weg eingeschlagen hat, wissen wir aus Tacitus.[18] Er wurde – vielleicht mit Förderung Senecas – *praefec-
tus vigilum*, d. h. er war der Vorgesetzte von etwa sieben-
tausend Freigelassenen, die als Feuerwehr dienten, aber auch
zur Niederwerfung von Unruhen vorgesehen waren. Er
folgte wahrscheinlich einem Iulius Paelignus, der als Freund
des Kaisers Claudius galt, im Amt nach. Dieser legte es 51
nieder und wurde Statthalter in Kappadokien.[19] Man hat
vermutet, daß auch Agrippina bei der Ernennung des Nach-
folgers die Hände im Spiel hatte. Im Jahre 55 zeigte sich, daß
Serenus Neros besonderes Vertrauen besaß und über ein
stattliches Vermögen verfügte. Er täuschte nämlich eine
Liebschaft zu Acte vor, indem er ihr große Geschenke
machte, und zwar im Auftrag Neros, dessen Geliebte sie in
Wahrheit gewesen ist.[20] Nicht lange nach 58 starb Serenus,
wahrscheinlich bei einem Gelage, an giftigen Pilzen, zusam-
men mit anderen *vigiles*. Hinter der Tat wird Agrippina
vermutet,[21] sie habe einen Vertrauten Neros – er war unter-
dessen den Verführungskünsten der Poppaea erlegen – ent-
fernen wollen. Seneca ist das Ende des Serenus nahege-
gangen.[22]

---

17 Tac. ann. 13,2; Mart. epigr. 7,45,1–4; Grimal I, S. 203.
18 Vgl. die Tacitusstelle ebd. und Plin. nat. hist. 22,96.
19 Vgl. Grimal II, S. 13.
20 Vgl. Tac. ann. 13,12. Die Versuche Agrippinas, Acte Nero zu entfremden,
    trieben diesen Seneca in die Arme. Seneca nützte offensichtlich die Situa-
    tion, um Schlimmeres zu verhüten.
21 Vgl. Grimal II, S. 14.
22 Vgl. Sen. ep. 63,14 f. Serenus' Tod war wohl Anlaß zu der fast völlig
    verlorenen Schrift *De immortalitate*; vgl. Grimal I, S. 217.

Wir sind also hinsichtlich der öffentlichen Tätigkeit dieses Mannes weitgehend auf Vermutungen angewiesen. Was aber seine philosophische Haltung angeht, so ist aus den genannten Dialogen ersichtlich, daß er sich vom Epikureismus zur Stoa bekehrt hat. Dabei scheint ihn das Vorbild des Cato Uticensis bestimmt zu haben,[23] wenn wir Seneca nicht literarische Fiktion zutrauen wollen. Cato Uticensis wurde in der Kaiserzeit zur Symbolfigur der *libertas*. Aus Cremutius' Rede bei Tacitus[24] geht hervor, daß Livius ihn gerühmt hatte, weshalb der Geschichtsschreiber seinerseits von Augustus als ›Pompeianus‹ apostrophiert wurde. Dies konnte zum damaligen Zeitpunkt – in der zweiten Regierungsphase des Augustus – nur als Spöttelei aufgefaßt werden. Unter Tiberius blieb die Berufung auf Cato zunächst unbedenklich,[25] sie ging von aristokratischen Familien aus, offenbar ohne philosophischen Hintergrund. Als später Sejan seinen Schatten über Rom warf,[26] konnte selbst zurückliegende Rühmung Catos zum Anlaß für todbringende Anklage werden. Die Tatsache, daß Seneca in der *Consolatio ad Marciam* dem Cremutius ein Denkmal setzte (seine Tochter hatte ein Exemplar des Geschichtswerkes vor der angeordneten Vernichtung gerettet), läßt die Vermutung zu, daß stoisch gesinnte Aristokraten den Widerstand gegen das Kaiserhaus schürten, wenn dieses zur Despotie entartete. Daß deren Leitbild Cato war, bestätigt sich aus dem Bericht des Tacitus über den Kreis des Stoikers Thrasea und die gegen diesen erhobenen Vorwürfe.[27] Thrasea hat eine ›vita Catonis‹ geschrieben.[28] Wenn wir uns vergegenwärti-

---

23 Vgl. Anm. 105 zum Text.
24 Tac. ann. 4,34 (dazu Syme, Bd. 1, S. 337 f.; 517). Unter Caligula wurde sein Geschichtswerk wohl zensiert (Quint. inst. 10,1,104) veröffentlicht. Sejans Feindschaft wurde ihm zum Verhängnis (Suet. Tib. 61,3; Cass. Dio 57,24,2).
25 Tac. ann. 3,76.
26 Tacitus verlegt den Umbruch in das Jahr 23 (ann. 4,1), mit pointierter Umformung einer Salluststelle.
27 Tac. ann. 16,22,2.
28 Plut. Cato 25,37.

gen, daß auch schon Cicero einen Nachruf auf Cato verfaßt hatte, dann erkennen wir eine lange Tradition, in der Cato als *exemplum* republikanischen Widerstandes aufscheint.

Die Auffassung von der *res publica* hat sich in der Zeit vom Tod des Augustus bis zum Selbstmord Neros tiefgreifend gewandelt. Diese Veränderungen schlugen sich in der Staatsreligion und den Symbolen der Herrschaft nieder und standen durchaus in Zusammenhang mit den philosophischen Vorstellungen der Zeit.[29] Eine religiöse Grundstimmung, die der Philosophie der Stoa nicht fremd war, begann sich damals auszubreiten. Mochte diese auch – denken wir an die neuen Formen des Apollo-Kultes! – an die Religiosität vergangener Zeiten äußerlich anknüpfen, so war sie doch ganz anderer Art.[30] Die vom Kaiserhaus vielfach geförderten alten Kulte bestanden zwar weiter, aber niemand glaubte mehr an sie. Unter den aus dem Orient eingeführten Religionen war das Christentum keineswegs die einflußreichste in jener Zeit, aber die in ihren Forderungen konsequenteste. Es berührte sich vielfach mit Vorstellungen der Stoa. So verwundert es nicht,[31] daß Seneca später als Christ bezeichnet worden ist. Diese Behauptung ist längst als unrichtig erwiesen.

Zu »tranquillitas animi«

Mit *tranquillitas* animi gibt Seneca εὐθυμία wieder. Wie wenig eindeutig diese Wiedergabe ist, zeigt die Formulierung in 2,3–4, während das Gegenteil einer noch weitläufigeren Umschreibung bedarf.[32] Als Metapher wurde *tranquillitas* noch immer empfunden. Im Griechischen geht der Begriff in philosophischem Zusammenhang auf Demokrit

29 Vgl. dazu Latte, S. 302–306.
30 Vgl. u. a. H. Dahlmann, S. 296–309, M. Grant, *Nero*, S. 80.
31 So behauptet von Augustinus (ep. 153) und von Hieronymus (De vir. illustr. 12), widerlegt von Erasmus von Rotterdam.
32 tranq. an. 2,3; vgl. besonders Cic. Tusc. 5,16.

von Abdera (460–371) zurück, der eine Schrift Περὶ εὐθυμίης verfaßt hat.[33] Er umschreibt sie da als »Gleichgewichtszustand der Seele, Heiterkeit des Gemütes, vergleichbar der Stille des Meeres«.[34] Zu einem philosophischen Terminus hat sich die Bedeutung des Wortes noch nicht verdichtet. Für Demokrit ist sie das höchste Gut (dieses ebenfalls noch kein fest umrissener Begriff), gesichert durch sanfte Bewegung der Feueratome, die die rechte gedankliche Einsicht und Eudaimonia ermöglicht. Εὐθυμία kann nicht aus äußeren Gütern oder durch sinnliche Befriedigung gewonnen werden. Auch Platon verwendet εὐθυμία noch nicht als philosophischen Terminus.[35]

Bei Chrysippos, dem Vertreter der Alten Stoa, ist sie eine Form des inneren Friedens (χαρά). Τέρψις und εὐφροσύνη rückt er in ihre Nähe.[36] Erst Panaitios, der Vertreter der Mittleren Stoa, hat in seiner dem Tubero, einem Vertreter des Scipionen-Kreises, gewidmeten Schrift Περὶ τοῦ καθήκοντος wieder an Demokrit angeknüpft und den Begriff analysiert. Diesem Stoiker kam es darauf an, das von der Neuen Akademie hart attackierte Lehrsystem seiner Schule, zumal deren Ethik, aus abstrakten Betrachtungen herauszuführen und römischer Lebenswirklichkeit anzunähern – dabei nahm er Gedanken Platons und des Aristoteles, aber auch Demokrits auf –, ohne das stoische Lehrsystem aufzugeben. Da Demokrit, wie aus den Fragmenten noch gut erkennbar ist, praktische Lebensregeln und Klugheitsgebote niedergeschrieben hatte, ließen sich seine Gedanken nur oberflächlich in das stoische Lehrgebäude einfügen, wie Cicero kritisiert.[37] Panaitios blieb bei dem stoischen – von Demokrit noch nicht vertretenen – Grundsatz, daß Seelen-

---

33 Der Begriff wurde übrigens auch mit Pythagoras in Verbindung gebracht (Diels, Vorsokratiker 471,4 f.).
34 Diog. Laert. 9,45.
35 rep. 383b; leg. 792a, 797b.
36 Vgl. *laetus* und *gaudium* in 2,4 und Anm. 22 zum Text.
37 Cic. fin. 4,23 (= Panaitios frg. 113; Straaten).

frieden und Eudämonie dem Weisen als Frucht seiner voll-
endeten Vernunftnatur von selbst zufallen. Diesen Gedanken lehnt Seneca ausdrücklich ab.[38] Damit ist deutlich, daß
er auf Demokrit, nicht auf Panaitios zurückgreift. Man hat
übrigens Sen. de ira 3,6,3 und de tranqu. 13,1 – beide
Abschnitte behandeln die notwendigen Voraussetzungen für
einen in Würde und Festigkeit lebenden Politiker – mit Cic.
off. 1,72 f. und Plut. moral. 465c verglichen und festgestellt,
daß die letztgenannten Panaitios benützen, Seneca an beiden
Stellen Demokrit.[39]

Die *tranquillitas animi* zeigt sich in der Widerstandsfähig-
keit gegen die Affekte,[40] einer inneren Übereinstimmung
und Harmonie aller Handlungen,[41] einer aus dem Innern
kommenden Festigkeit des Charakters,[42] des Urteilens[43]
und der Selbstbeurteilung.[44] Die gegenseitige Abhängigkeit
von εὐδαιμονία, *securitas* (Freiheit von Sorge), *tranquillitas*[45] und *magnitudo animi* (Seelengröße)[46] wird aus mehreren Stellen ersichtlich, so in ep. 92,3: »Was ist das glückselige
Leben (*vita beata*)? Freiheit von Sorge und dauerhafte Ausgeglichenheit (*perpetua tranquillitas*). Diese wird die Folge
sein von Seelengröße (*magnitudo animi*) und unerschütterli-
chem Festhalten am rechten Urteil. Wie gelangt man zu ihr?
Wenn die Wahrheit ganz erschaut, wenn im Handeln Ord-

---

38 Sen. ep. 92,3.
39 Grimal I, 97 f.
40 Cic. Tusc. 4,8.38; 5,16.
41 Cic. fin. 3,21; Sen. ep. 52,1. 92,3.
42 Sen. ep. 9,15; vit. beat. 13,3; tranq. an. 2,6 (von der Gegenposition her
   geschrieben).
43 Cic. fin. 3,21; Sen. ep. 20,3; 30,12; 92,3; 95,57.
44 tranq an. 6,1; Cic. off. 1,73; Plut. moral. 465c; Sen. de ira 3,6,3.
45 Pohlenz III, S. 71, hat beide Termini einander gleichgestellt aufgrund von
   Cic. fin. 5,23. Auch diese Stelle könnte er anführen. Andere sprechen
   dagegen; vgl. Hadot, S. 135.
46 Vgl. Grimal I, S. 97; Abel, S. 131; sie ist *contemptio rerum externarum*,
   Schicksalsüberlegenheit (const. sap. 1,1; 5,4–6; 6,8; 9,4 f.; 15,3–5; 19,2;
   SVF 3,269 f.).

nung, Maß, Schicklichkeit, uneigennütziges und gütiges Wollen (*voluntas*), ausgerichtet auf Vernunft und sich nie von ihr entfernend, liebens- und bewunderungswürdig zugleich, bewahrt ist. Kurzum, damit ich die Regel festlege: ›So muß die Seele des Weisen sein, wie es Gott entspricht‹.« Die entscheidenden Begriffe dieser Stelle (*constantia, bene iudicati veritas, ordo, modus, decor, ratio*) gehören stoischer Terminologie an. Seneca steht also bei dieser Erörterung durchaus auf dem Boden der Stoa.[47]

In dem angeführten Brief erfahren wir – dabei ist zu bedenken, daß dieser an den mehr als Serenus theoretisch begabten Lucilius gerichtet ist –, daß *tranquillitas* nur denen zufällt, die im Besitz des unerschütterlichen und gewissen Urteils (*immutabile certumque iudicium adepti*) sind. Dieses bezieht sich auf Wissen um Wahrheit und die Regeln des ganzen Lebens. Dieses Wissen aber setzt *rectus habitus animi*, die richtige Grundhaltung der Seele, sie ihrerseits das richtige Wollen voraus. Ohne das letztere ist richtiges Handeln nicht möglich. Tugend, die richtig handelt, ist Wissen um fremde Gegenstände und Selbsterkenntnis.

Halten wir uns diese Kette von Interdependenzen im Bereich des rechten Handelns und Erkennens vor Augen, ferner die vier Stufen des Erkenntnisvorganges (Wahrnehmung, Bildung einer Vorstellung – diese ohne Willen –, Zustimmung der Vernunft und Begreifen – beides Akte des Willens), schließlich, daß dem ersten Bereich der unbewußte Trieb zugeordnet ist, der den Toren zu Handlungen fortreißt: dann erkennen wir, übereinstimmend mit Seneca, daß die Wissen vermittelnde Vernunft des philosophischen Freundes bei der Bildung der *assensio* (Zustimmung zu einer Wahrnehmung) einsetzt und den unbewußten Trieb umformt zu bewußtem Wollen.[48] Aber auch Wissen und Wollen allein bringen nicht voran. Bereitschaft und Glaube

---

47 Vgl. zu *ordo* Cic. off. 1,14.126; zu *decor* ebd.; zu *modus* 1,14 f. 142.
48 ep. 113,18.

an Heilbarkeit,[49] bewußtes Wollen, gut zu werden[50] – es
folgt ihm Selbstvertrauen[51] – müssen hinzukommen; aber
notwendig ist auch das Studium des Urtriebes.[52]
Im Falle des Serenus liegt eine Entartung desselben vor
(Kap. 2), so daß seine Kräfte sich selbstzerstörerisch gegen-
einander wenden. Das hat Lähmung der geistigen Spannkraft zur Folge.[53] Die Analyse des Seelenzustandes weist
den Weg zur Heilmethode. Und da Serenus keineswegs eine
philosophische Natur ist, so bedarf er praktischer Beleh-
rung: es kommt darauf an, ihm innere Ruhe zu geben.
Theoretische Gedankenentwicklungen der stoischen Schule
verfehlten bei ihm das Ziel. Dies bedeutet nicht, daß Senecas
Lehre sich in der Substanz ändert, nur seine Heilmethode
wandelt sich, und zwar mit Rücksicht auf den Angesproche-
nen. Von hierher versteht sich die Verwendung des *exemplum*, besonders Catos. Seine Gestalt wird zum stoischen
Weisen erhoben, ja er wird dichterisch ins Heroische er-
höht.
Diesen Weg – den Verzicht auf den aussichtslosen Versuch,
den Zögling durch Definitionen und Lehrsätze der stoischen
Fachsprache zu gewinnen – hatte schon die zweite Generation der Stoiker eingeschlagen. Zur *imago* des stoischen
Weisen führt eine Fülle von *praecepta* (Handreichungen) aus
demokritischem, nicht genuin stoischem Gedankengut hin.
Ein bloßes Sichausrichten an ein großes Vorbild bringt
nämlich die Gefahr mit sich, sich eine fremde Rolle aufzu-
zwingen[54] und gerade dadurch das *exemplum* zu mißdeu-
ten.[55] Man wird sich auf seine eigene Natur zurückbesinnen
müssen.[56] Erst so eröffnet sich die Aussicht, das letzte Ziel,

49 De ira 2,13,1; ep. 50,6.
50 ep. 34,3.
51 ep. 31,3; 64,5.
52 Diog. Laert. 7,84.
53 Vgl. SVF 3,466,26 ff.; Diog. Laert. 7,110 ff.; Cic. acad. 1,38 f.
54 ep. 17,1.
55 ep. 17,4.
56 ep. 17,3.

innere Freiheit, zu erreichen. Dies setzt das Bewußtsein um das rechte Maß voraus,[57] führt zu der Forderung, von Vorbild und Lehrer Abstand zu gewinnen.[58] Dazu fehlt freilich Serenus noch viel. Er muß den erreichten Zustand durch unablässige Sorge sichern.[59] Ein Zustand innerer Freiheit, eine Überlegenheit über die Anfechtungen des täglichen Lebens ist weit entfernt von der Empfindungslosigkeit (*impatientia*, ἀπάθεια) der Kyniker. Er bedeutet vielmehr mitleidendes Teilhaben an Umwelt und Weltgeschehen. Und auch in diesem Punkt ist Seneca ganz auf dem Boden der Stoa verblieben.

---

57 ep. 17,8–9.

58 ep. 17,11 meint nichts anderes; allgemein dazu 71,6; 103,3.

59 Zur Sicherung des Erreichten durch Einübung vgl. Hadot, S. 105, Anm. 16; ep. 75,7, ein Gedanke, der sich, wie 17,11, wiederum auf Platon (rep. 429d–e; Phaed. 81a; vgl. Sen. prov. 2,3) berufen kann.

Inhalt

Römische Literatur – zweisprachig

IN RECLAMS UNIVERSAL-BIBLIOTHEK

Philipp Reclam jun. Stuttgart